伊達の国の物語

政宗からはじまる仙台藩二七〇年

菅野正道

目次

第二章

新・政宗論

第三章

歴代藩主と仙台藩の政策　152

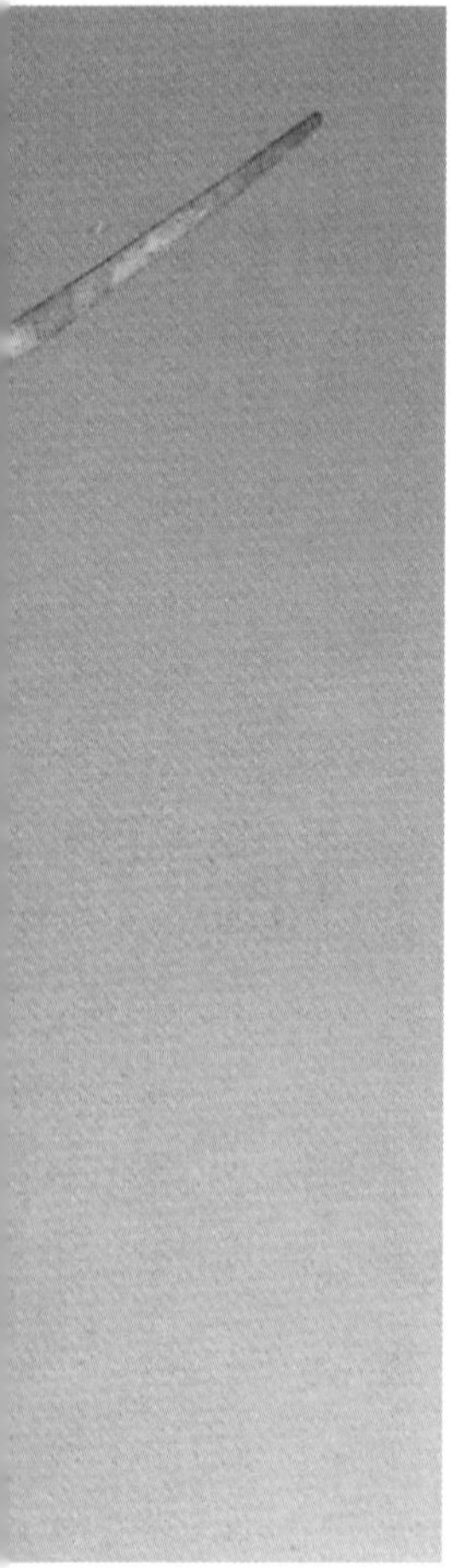

第一章

政宗が目指したもの

伊達政宗の菩提寺・瑞巌寺にある政宗の木像。政宗十七回忌に際して
２代藩主伊達忠宗が壮年時の姿を刻ませたという（写真：菊地淳智）

一　仙台城にこめられた政宗の真意

今から四〇〇年あまり前、すなわち慶長六（一六〇一）年四月、伊達政宗は新しい居城として築いていた青葉山の仙台城に入った。仙台城は、翌年に第一次工事が終わったが、もっとも重要な建造物である本丸大広間は八年後に落成するなど、整備は断続的に継続された。

この政宗の居城・仙台城は、江戸時代の新規築城にもかかわらず、標高一〇〇メートル以上の山上に造営されたことや、一般に近世城郭のシンボルとされる天守が造られなかったことなどから、政宗がこの城にこめた思いについてはさまざまな憶測を呼んでいる。

ある人は「天下への野望を秘めた城」と言うし、一方では「徳川幕府への遠慮」があった城と言われることもある。果たしてこの城は、近世城郭としてどのように位置づけることができ、そしてそれは政宗のどのような意識の下に築かれたのであろうか？

仙台平野の必然性

まず、なぜ政宗は仙台平野の一角に位置する青葉山に城を築き、その足下に新たな城下町をつくったのか、その理由を考えたい。

一説に、政宗は石巻に城を築きたかったが、徳川家康から築城の許可を得る際に、第一候補は却下されるおそれがあるので、当て馬として青葉山を第一候補としたところ、そのまま許可された、というものがある。しかし、政宗が石巻に築城しようとしたことを裏付ける資料は、全く存在しない。

江戸時代、石巻は仙台藩領最大の港として栄えるが、それは政宗・忠宗期の整備によるもので、当時その港湾機能は決定的なものではなかった。また、北上川水系を介しての水運には便利な地ではあったが、陸上交通を考えると、著しく東に偏し、古代以来の幹線道路である東山道《とうさんどう》（奥大道《おくだいどう》）のルートからは完全に離れている。

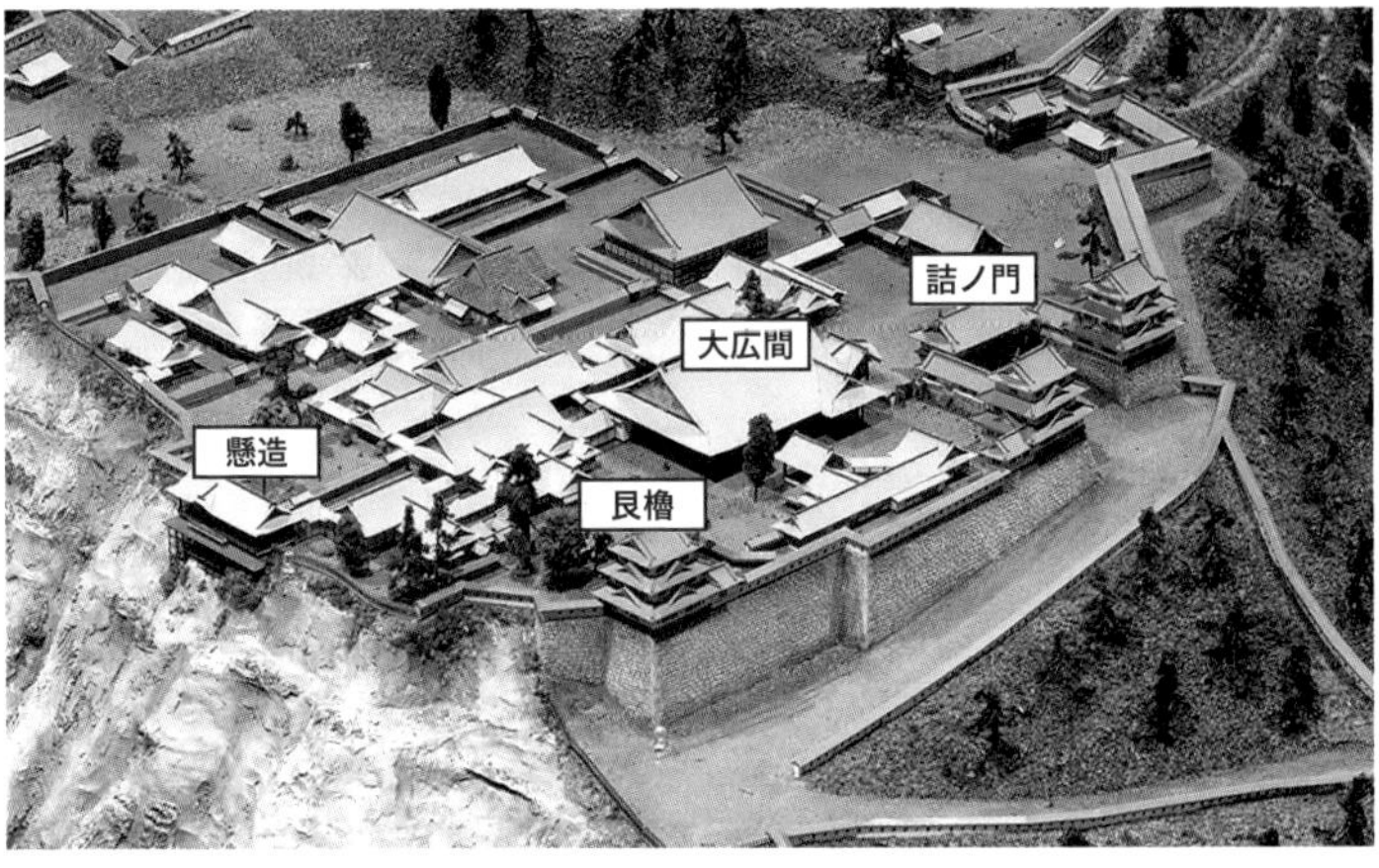

仙台市博物館に展示されている仙台城本丸の模型。江戸時代中期の絵図などをもとに推定復元したもので、石垣の形状などは政宗時代とはやや異なるが、本丸の概略を見ることができる

一方で仙台平野は、南方から内陸沿い、そして海岸沿いに来た道が集まり、また北方からも内陸の道と海沿いの道が集まる陸上交通の要所であった。また、閖上《ゆりあげ》や塩竈の港も古くから機能しており、水運と陸上交通の結節も十分な地理的環境にあった。交通の要《かなめ》という点で、仙台平野は石巻よりも数段上の機能を有し、新しい領国の拠点を政宗自身の手で選択する際、仙台平野の一角にそれを求めるのは、必然であったと言えよう。

山上の本丸

次に城そのものに目を向けると、仙台城本丸が山上に築かれたことも、議論の的になっている。要害堅固な城を拠点にして、天下を狙おうとしたというのである。しかし、武将が居城で戦うという事態は、敗北直前の状況と言っても過言ではない。天下を狙うとすれば、領地の外で戦うべきであって、居城を堅固にするのは天下を狙う者がすべき行動ではない。

そもそも、仙台城クラスの規模で対応できるのは、一、二万人程度の敵兵であって、数万人から一〇万人を超すような天下人の軍勢を支える構造に仙台城はなっていない。仙台城の築城に着手した当時、政宗は一二〇万石を領していた上杉景勝と対峙していた。謙信以来、日本最強と評される軍勢を擁する上杉氏との合戦を意識して、政宗は要害の地を選んだのである。

仙台城の築城が一段落したころ、上杉氏は徳川家康に屈し、まだ豊臣氏は残っていたが、天下の大勢はほぼ徳川氏の手中に帰していた。そうしたなかで政宗は仙台城の改造に着手し、本丸の中心施設として、大広間を造営した。日本有数の規模を誇る大手門も大広間と同じ時期に造られた可能性が高い。

仙台城に天守が造営されなかったことも、徳川への遠慮と言われるが、これは全くの俗説である。関ヶ原合戦で破れて一二〇万石から三〇万石に大減封され、徳川幕府に思いっきり遠慮しなければならない毛利氏が、居城として新造した萩城（山口県）に五層の立派な天守を建てていることからも、全く的を射ていないことが明白である。

実は天守は実戦にはほとんど役立たないもので、その最大の意味は城主の権力を可視化するところにある。したがって、天守の造営に熱心なのは天下人や成り上がった大大名、そして中小の大名たちである。実力ある外様大名のなかには、たとえば加賀

仙台城大手門の着色絵葉書（昭和初期　筆者蔵）

百万石の前田氏や薩摩七〇万石の島津氏のように天守を建てないものが少なくない。

大広間の真意

政宗が本丸に造営した大広間は、さまざまな儀式が行われる、仙台藩にとって最も重要な御殿建築だった。それは決して天守の代用などというものではなく、仙台城を藩の中心たらしめる、そして政宗の権威を最も具現化する役割を担わされた建物だった。

その大広間を、政宗は一時代古い、室町時代の伝統的な間取りで建てた。江戸時代の御殿は、機能ごとに建物を分けて造り、それを幾つも並べて接続させるのが普通であったが、仙台城大広間のように大きな建物に幾つかの機能をまとめて収容するのが室町様式御殿であった。

政宗は、このオールドスタイルの御殿を、きらびやかな、当時流行の装飾で飾った。斬新さ、奇抜さを好んだとされる政宗であるが、実は彼は幼少時からさまざまな文化的素養を身に付けてきた、当代一流の武家文化人であった。政宗の真骨頂は、伝統性と革新性の両方を兼ね備えたことにあると言ってもよい。それは、仙台城下において、伝統性を色濃く持つ国分寺薬師堂と、桃山様式の華麗な大崎八幡宮を同時に造営したことにも確認することができる。

政宗は、城というものをよく理解していたのであろう。だからこそ、築城時に上杉氏との合戦の可能性を考えて要害の地を選び、その危険性が去ると、軍事要塞としての機能よりも政治性を重視した整備に方向転換した。天守を設けなかったのは、なんのことはない、その必要性がなかったからである。

本丸大広間には、上々段の間というものが設けられていた。これも、上段の間に藩主が座し、その上位者、すなわち天皇を迎えるための施設で、政宗の野望を秘めたものと言われる。しかし、全国的に見ると、西日本の寺社には上々段を有する建物が少なからずあり、また城郭の御殿では、広島城や三原城（広島県）などでも上々段が設けられていた。これらの上々段の幾つかは、実際に天皇を迎えることを目的としたかもしれないが、多くは室町御殿の最も格式の高い間取りを模倣として造られたものであろう。政宗が上々段を設けたのも、天下への野望ではなく、室町文化への限りない憧憬《しょうけい》と考えるべきではないだろうか。

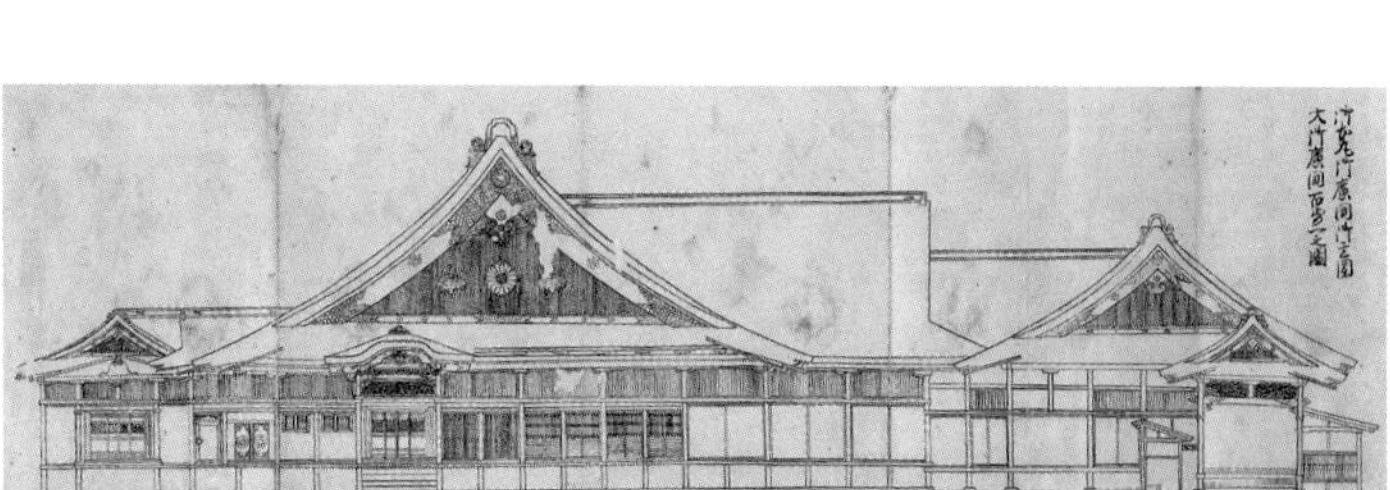

仙台藩大工棟梁の千田家に伝わった大広間の立面図。大広間の具体的な様相を知ることができる重要資料（仙台市博物館所蔵）

二　常識はずれの城下町づくり

仙台市の市街地は、言うまでもなく伊達政宗がつくった城下町が起源となっている。江戸時代、日本でも有数の都市に発展した仙台であるが、現在の街並みには城下町の面影を感じることはほとんどできない。かつて街の中をくまなく流れていた四ツ谷用水の流れも、広大な武家屋敷とそこに植えられた多くの木々に由来する「杜の都」の原風景も、軒を連ねた商人たちの町屋も、あらかた姿を消した。しかし、実は街のそこかしこに城下町の痕跡が残り、政宗の街づくりに込めた思いが、今でも息づいているのである。

仙台城下の特徴

城下町の一般的な形状は同心円構造と言われる。城を中心に、周囲に重臣屋敷、その外側に中級家臣の屋敷を配し、足軽などの下級家臣や町人の屋敷を外縁部に配するというものだ。

しかし、仙台の場合は、城が山際に設けられたため、必然的に同心円構造をとることができない。城の近くの川内や片平丁に重臣の屋敷が配され、その外側の東一番丁から東六番丁、北一番丁から北六番丁などに中級家臣の武家屋敷街があり、城下の外縁部の堤町や二十人町・鉄砲町・弓ノ町・三百人町などに足軽居住空間が設けられている。この様子は、同心円構造の中心から扇状に一部を切り取った構造と見ることも可能ではある。

だが、政宗がつくった当初の城下町の構造は、どうも単純な同心円的とは言えない様子が見られる。仙台城周囲の重臣屋敷はともかく、その外側は中級家臣の屋敷ではなく、実は町人たちの居住空間が設けられていたのである。現在の西公園付近は「元柳町《もとやなぎまち》」といい、城下町建設当時は町人町の柳町があった場所である。また、仙台高等裁判所の東側は、かつて「本荒町《もとあらまち》」という町名であったが、ここも江戸時代初期に町人町の一つである荒町が置かれた場所であった。「東●番丁」「北●番丁」といった中級家臣の屋敷よりも城に近い場所に配されたこうした町人町の中核をなしていたの

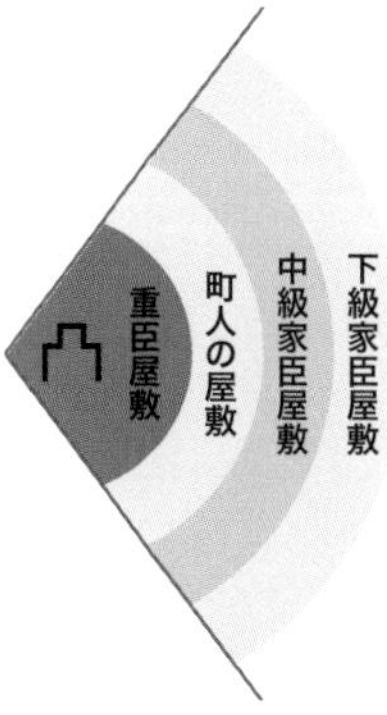

初期仙台城下の構造模式図

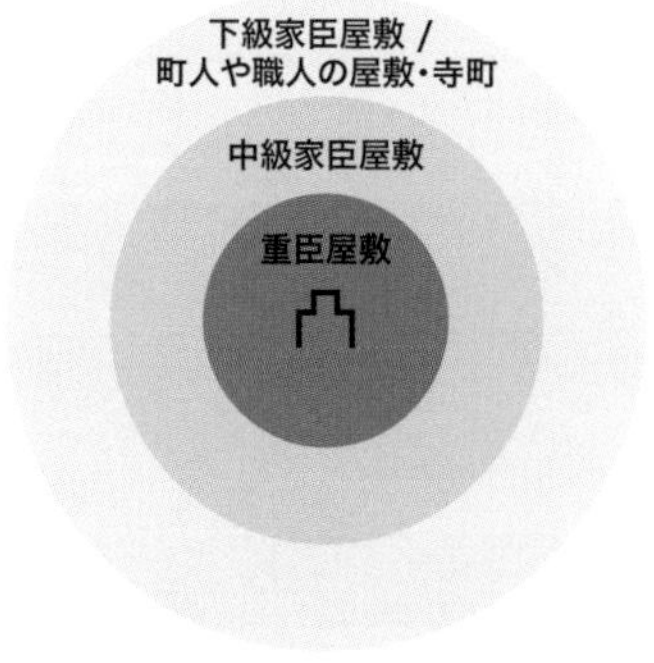

一般的な城下町の構造模式図

は、米沢城下から岩出山、そして仙台へと政宗とともに移ってきた「御譜代町《ごふだいまち》」と称された、町人たちの町であった。

その結果、町人たちが住む町屋敷は、城下町が展開する河岸段丘上のちょうど中心部に配されたことになる。その場所は、繰り返しになるが、中級家臣の屋敷よりも仙台城に近い場所であり、また地盤的にも堅固で安定した土地であった。この配置は、政宗が考えた街づくりの重要な柱の一つが、商工業の重視にあったことを示しているのだ。

弱い軍事的色彩

城下町では、行き止まりの道や鈎形に曲がった道、あるいは迷路のような場所が方々にあり、それは攻め込んだ敵の勢いをそぎ、守りやすくする工夫とされる。また城下の外縁部の要所には寺院をまとめて配した寺町を置き、それは有事の際に防御陣地や砦としての役割を持たせたものとも言われる。

仙台城下でも、江戸時代の絵図などを見ると、行き止まりの道や鈎形に曲がった道は幾つか存在する。ただ、感覚的な印象ではあるが、他の城下町に比べて、そうした複雑な街路は少ないように思われる。

同じ印象は、実際に仙台城下に住んだ人々も抱いていたようである。幕末近い時期に描かれた仙台城下の鳥瞰図は、街路を碁盤の目を基調に描いている。一部に方向の違う道もあるが、その大部分は地形的な影響であって（例えば、小高い丘陵であった現在の錦町公園付近など）、仙台城下の住人の多くも、仙台は碁盤の目が基調となった街と認識していたに違いない。

城下町防衛の重要なパーツとされる寺町も、仙台では軍事的な意味合いはあまり感じられない。仙台城下で強力な外敵が侵攻する危険性が最も高いのは南方。しかし、政宗が仙台城下で最初につくった寺町は城下北端の北山であった。軍事的な必要度の高い城下南部には、若林区の荒町や南鍛冶町近辺に幾つもの

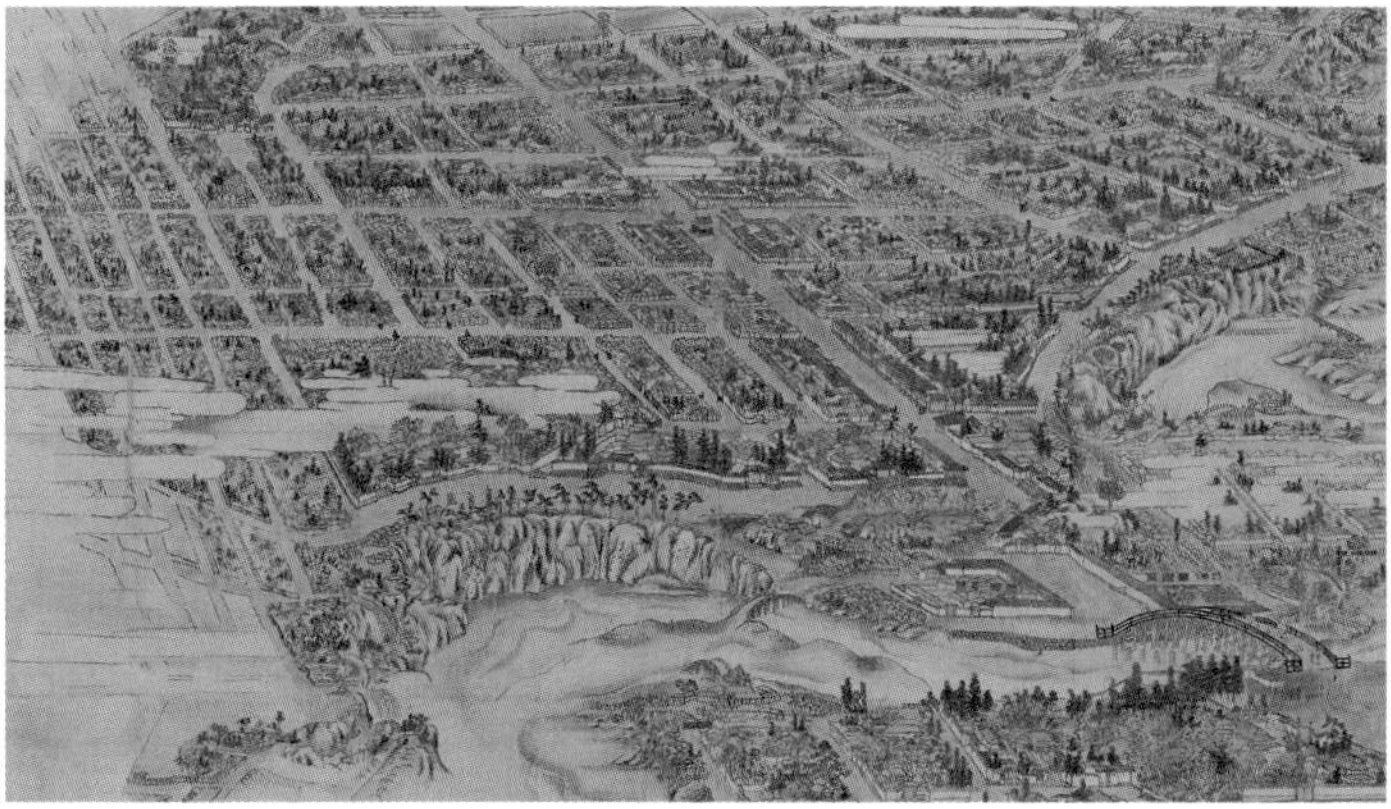

文久２（1862）年に描かれた仙台城下の鳥瞰図。青葉山・亀岡八幡宮付近の上空から城下を眺めたアングルとなっており、城下の中心部はほぼ碁盤の目状に描かれている（仙台市博物館所蔵）

寺院があるが、これらは政宗の晩年に城下を東南方向に拡大した際に配されたもの。上杉氏や徳川氏に南から攻め込まれる可能性があった城下建設当初には存在しなかったパーツである。

仙台城下最大の寺町である新寺小路は、現在は多賀城・塩竈へ向かう産業道路に通じるため、交通の要衝と思われがちであるが、これは戦後の道路整備の結果である。新寺小路に並ぶ寺院の由緒を調べると、当初は仙台城下の内部に建立され、後に現在地に移転したという経緯を見ることができる。城下町建設当初は街の中に寺院が置かれたが、町が発展するにしたがって、寺院の存在が障害になるとして、政策的に周縁部へ移転させたというのが真相のようである。

このように、街路の状況や寺町の由来を見ても、仙台城下は戦闘に対する意識が薄い構造であることが明らかである。それを明確に示すのが、総構《そうがまえ》である。

戦国時代の終わりから江戸時代にかけて、大きな城郭では周囲の武家屋敷街を堀などで囲み、敵が来襲した際の防御線とする総構を設けることが一般化した。もっとも有名なのは、大坂冬の陣で総構の有用性を全国に知らしめた大坂城で、また最大のものは神田川などを総構に組み込んだ江戸城である。東北地方でも、会津若松城や米沢城などで総構が設けられている。

しかし、仙台城下に政宗は総構を設けなかった。軍事的な意味合いの弱い寺町の設置や、分かりやすい街路も含めれば、政宗は仙台城下を軍事都市として構想したのではないことが明らかである。

近代にも通用する都市計画

　このように意図してつくられた仙台の街は、その後、若林城造営に伴う南東部への拡張、二代藩主忠宗期の東照宮造営に連動した北東部への拡大を経て、最盛期で推定人口六万人に達する全国屈指の城下町に発展した。

　明治時代に入っても、人口規模ではほぼ常に全国ベストテンの地位を維持し続けた仙台は、近代都市として次第に様相を変えていく。しかし、政宗がその基本形をつくった街路は大きな変更を加えられることなく生き続けた。

　近代以降で大きな街路の変化というと、大正末から昭和初期にかけての市電建設時に、一部に「電車通《でんしゃどおり》」がつくられた程度である。

　第二次世界大戦末期の空襲で甚大な被害を

松音寺（若林区連坊）の参道と若林城の遺構と伝わる山門（写真：筆者）

受けた仙台は、戦後の戦災復興で街を根本的に作りかえることもできた。しかし、青葉通と裁判所前から南東へ伸びる道が新設されたくらいで、基本的には政宗がつくった街路を拡幅して十分に、新しい時代に対応できた。城下町での戦闘を意識せず、都市の使い勝手を重視した政宗の都市計画は、当時としては常識はずれのものだった。しかし、それ故に近代都市にも十分に通用する先進的なものだったのである。

上／新寺小路に残る寺院境内の木立ち
下／重臣屋敷の屋敷林を思わせる仙台高等裁判所（青葉区片平）の木々
（2点とも写真：筆者）

三　前代未聞の人事政策

伊達政宗を支えた家臣は多士済々。政宗が全国有数の大名となったのは、政宗自身に実力があったのは当然であるが、同時に政宗が多くの家臣を有効に活用し、家臣らも政宗の期待に応えてその能力を発揮したからに他ならない。

片倉景綱と伊達成実

政宗の家臣として誰もが思い浮かべるのが、片倉小十郎景綱と伊達五郎成実《しげざね》だろう。NHK大河ドラマ「独眼竜政宗」でも、片倉景綱に西郷輝彦、伊達成実に三浦友和という主役級が配されたことからも、二人に対する一般的な評価の高さを知ることができる。

片倉景綱の肖像画
（仙台市博物館所蔵）

政宗より一〇歳年上の片倉景綱は、政宗幼少の時から傍に仕え、政宗が伊達家当主となった後は、他の大名との外交担当として活躍し、対外交渉の上では政宗に次ぐナンバー2の役割を果たした。また、大森城（福島市）、後には亘理城、白石城という重要城館の城主に任じられ、軍事面でも政宗を支えた。

一方の伊達成実は、勇敢な猛将として知られ、若き政宗が南奥羽に勢力を大きく広げる中での軍事的貢献度はナンバー1と言ってもよい。

この二人については、よく政宗の側近、あるいは軍師、参謀などと評されることがある。しかし、そうした評価は、二人の真の役割を見誤ったものである。

まず片倉景綱。彼の行動を仔細に調べると、若き政宗が南奥羽制覇を目指している時期は、別行動を取っていることが意外に多く、政宗の傍にいる側近や参謀というような役回りではなかったことが明白である。一方で、政宗が豊臣秀吉に会う時や上洛する時、朝鮮出兵時などには、ほぼ政宗と行動を共にしているが、これは景綱が現在の外務大臣に相当する役割を果たし

伊達成実の肖像画
（仙台市博物館所蔵）

ていたからに他ならない。

また伊達成実も片倉景綱と同じように、政宗と共に戦うことはあるものの、多くの場合は政宗の命を受けて別行動を取っていた。

伊達成実について興味深いのは、政宗が成実に対して出す手紙である。片倉景綱に宛てた政宗の手紙は、平仮名を多用し、打ち解けた感じであったのに対し、成実宛ての手紙は、良い紙を使って丁寧な文体で記されている。

政宗とは一歳下の従弟であった成実は、政宗と非常に近しい、兄弟のような関係であったと描かれることが多いが、それは大きな誤りである。成実の父である伊達実元は、伊達氏家臣の中で最大の領地を有する重鎮であり、親族中の長老格であった。その実元の跡を継いだ成実に対して、同年代の仲の良い親戚ではなく、礼を失することのできない大事な親戚という扱いで政宗は接したのである。

さらに付け加えれば、片倉景綱・伊達成実ともに内政に関与することはほとんどなかった。二人の役割は、対外的な軍事行動や外交に限られていた。その意味でも二人は、政宗の側近ということはできないのだ。

適材適所

それでは、政宗の側近と言える家臣は、どのような武士たちだったのだろうか？

政宗が若い頃、米沢城を拠点に盛んに軍事行動を行っていた時期は、主として四〇～六〇歳代のベテランの家臣や親族が側近となっていた。鮎貝日傾斎宗重《あゆかいじっけいさいむねしげ》・片倉意休斎景親《かたくらいきゅうさいかげちか》・桑折点了斎宗長《こおりてんりょうさいむねなが》・小梁川泥蟠斎盛宗《こやながわでいばんさいもりむね》、あるいは大叔父の伊達鉄斎宗清《てっさいむねきよ》や乳母の夫である増田我即斎貞隆《ますだがそくさいさだたか》らである。こうした、よほど伊達氏の歴史に詳しくないと知ることがない武将たちが、若き政宗の領土拡張をその傍らで支えていた。

余談であるが、ここで名前を挙げた長老たちの何人かは、大河ドラマ「独眼竜政宗」でも登場していた。このドラマ、作品として優れていただけでなく、実は制作陣がしっかりと伊達氏の歴史を研究した上で作られていたことが、こうした点からもはっきりと確認できる。

その後、豊臣秀吉に従い、当面の政治課題が領国経営や対豊臣、対徳川という外交へスライドすると、側近の顔ぶれは大きく変わっていく。仙台に城を築いて以降、政宗の側近ナンバー1の地位に就くのが茂庭石見綱元《もにわいわみつなもと》である。政宗より一八歳年上の綱元は、政宗の命を受け、担当家臣に実行させる役目を担った。綱元がこのような役割を果たしたのは、政宗が三〇～五〇歳代の頃で、ちょうど仙台城を築き、城下町を作り、領地の経営を本格的に進めていた時期であった。仙台藩を作り上げる上で最も功績があった政宗の家臣は、茂庭綱元と言っても過言ではない。

茂庭綱元をトップに、初期の仙台藩政を担った人材には一つの特徴がある。それは、彼らの多くが政宗によって抜擢された者であったこと、そして禄の高さが役職の重要性とリンクしていないということである。

仙台藩では家老のことを「奉行」と称したが、政宗が奉行に任命した家臣には茂庭良綱（綱元の嫡子）のように一万石近い禄を有する者もいたが、主体は遠藤式部玄信《はるのぶ》・大条《おおえだ》薩摩実頼《さねより》・奥山出羽兼清・鈴木和泉元信・古田内匠《たくみ》重直・山岡志摩重長など家禄二千石から四千石の者たちであった。仙台藩には、政宗の親族を含めて一万石以上の禄を有する家臣は約一〇家あった。他藩では、家老は家臣の中でも禄が最も高い家柄から選任されるのが普通であったが、政宗は家柄や禄の高下ではなく、能力や適性に応じて藩の役職に就けたのである。政宗のこの方針は、以後、幕末まで仙台藩の基本方針として堅持されることになった。

茂庭綱元の木像（石雲寺所蔵）

人材の確保

こうした適材適所を旨とし、時には抜擢を伴う政宗の人事政策は、一方では高禄の重臣や古くから伊達氏に従ってきた譜代の家臣に不満を抱かせる危険性を持っていた。

もう一つ、家臣団の不満が爆発する危機があった。政宗は最大で一二〇万石以上あった領地を豊臣秀吉によって半分の六〇万石に減らされるが、その際に家臣を減らすことはしなかった。家臣の禄を原則として三分の一に減らしながらも家臣団の維持を図ったのである。当然、禄を減らされた家臣たちには大きな不満があったものと推測される。

この危機が表面化しなかった一つの理由に、政宗に対する家臣たちの信望があったのは間違いないであろう。ただ政宗はそれに甘んじず、新田開発という手法で家臣団の維持を図った。それは、家臣に対して開発可能な湿地を与え、自らの力で新田を切り開けば、それを禄に加えるという施策であった。大規模に新田を開発し禄を増やせば、藩内における地位の向上にもつながる。政宗は巧妙に個々の向上心をくすぐることにより、家臣団の維持を達成しながら、藩内の農業生産を上げるという、一石二鳥に成功したのである。

同時に政宗は、従来の家臣団を維持するだけでなく、それをさらに拡大させようと、取りつぶしになった大名の家臣などを大量に新規雇用した。政宗の人材募集は、奥羽にとどまらず、広く全国に及んだ。北上川の改修で著名な川村孫兵衛重吉は長門国（山口県）の出身であり、山林育成や財政関係を担当した和田因幡為頼は大和国（奈良県）の浪人だった。

石高が半分になったにもかかわらず、家臣の維持を図るだけでなく大増員をするという前代未聞の人事政策を政宗は採った。これによって仙台藩は、武士身分の家臣四千家以上、足軽や職人などの下級家臣三千家以上に及ぶ全国最大の家臣団を持つことになった。その最大動員兵力は推定三万数千人。一万石あたり三〇〇人というのが当時の平均的な動員兵力であるので、仙台藩は平均の二倍以上も多い兵力を手中にした。しかし、政宗はそれを軍事的に用いようとはせず、新田開発などの国土開発・領国整備にふり向けた。米どころ宮城の地盤は、政宗のこうした人事政策の上に成り立ったのである。

戦乱が続く若い時も、藩主として国づくりに励む日々も、人材を何よりの財産と考え、家臣を適材適所に配することができたこと、これが政宗の大きな才能だったと言ってよいだろう。

北上川改修に取り組む川村孫兵衛。明治時代に作られた教材用資料『修身図鑑』（仙台市博物館所蔵）より

四　虚像だった天下への野望

若くして南奥羽にその勇名をとどろかせ、「最後の戦国武将」とも称される伊達政宗。晩年まで天下に野望を抱いていたとされ、その力の源には精強な伊達軍団が控えていたとされる。しかし……。

南奥羽制覇の実情

天正一三（一五八五）年、伊達政宗は安達郡東部にある小手森城《おでもり》（福島県二本松市）を攻め落とし、城兵らを皆殺しにした。完全勝利の昂揚感のなか、政宗は母の兄である最上義光に戦いの様子を手紙で書き送った。そのなかで政宗は「この上は、須賀川まで攻め込み、関東が自分の手中に入るのもたやすいことだ」と述べている。

また政宗は、晩年に「一度天下に旗をあげずして口惜しき次第也」と側近であった木村可親に述懐している（『木村宇右衛門覚書』）。このほかにも、幾つかの軍記物や逸話集なども、政宗が常に天下を狙っていたというエピソードを記している。

こうしたことから、政宗については、晩年まで天下に野望を抱いていた……というイメージが強くついてまわることになった。政宗肖像の代表とされる仙台城本丸跡に立つ甲冑姿のいわゆる「騎馬像」や、瑞巌寺にある甲冑姿の木像は、天下を狙い続けた武将・伊達政宗のイメージと合致し、その印象を確たるものにしたと言ってよいだろう。

しかし、米沢に本拠を置いていた時代、政宗の軍事行動をつぶさに見ていくと、「本当に政宗は関東、さらには天下を狙ったのだろうか？」と疑問がわいてくる。

小手森城を攻め落とした後、政宗は有名な人取橋の戦いで大苦戦し、父の仇を討とうと攻めた二本松城も半年近い包囲戦でも攻落できず、ようやく交渉をもって降伏させるに至った。その後、積極的な軍事行動を起こさなかった約一年半の小康状態を経て政宗が起こした軍事行動は、関東とは正反対の北方、大崎攻めであった。事実上の敗北に終わったこの大崎攻めの後、政宗は約一年間、断続的に仙道（現在

仙台城本丸跡に立つ伊達政宗騎馬像（写真：菊地淳智）

の福島県中通り地方）で常陸の戦国大名・佐竹氏と会津の戦国大名・蘆名氏を基幹とした連合軍との戦いに明け暮れる。しかし、これとても、政宗が積極的に南進しようとしての軍事行動ではなく、連合軍の反政宗的行動に対応して軍を動かさざるを得なかった、というのが実情である。

会津の蘆名氏を撃破した摺上原の戦い後、約半年の間に政宗は仙道のほとんどを制圧するに至ったが、これは一種のドミノ倒し状態のようなもので、その先に関東進出の構想があった形跡は確認できない。政宗が関東進出を目論んでいたという事実はなさそうだ。

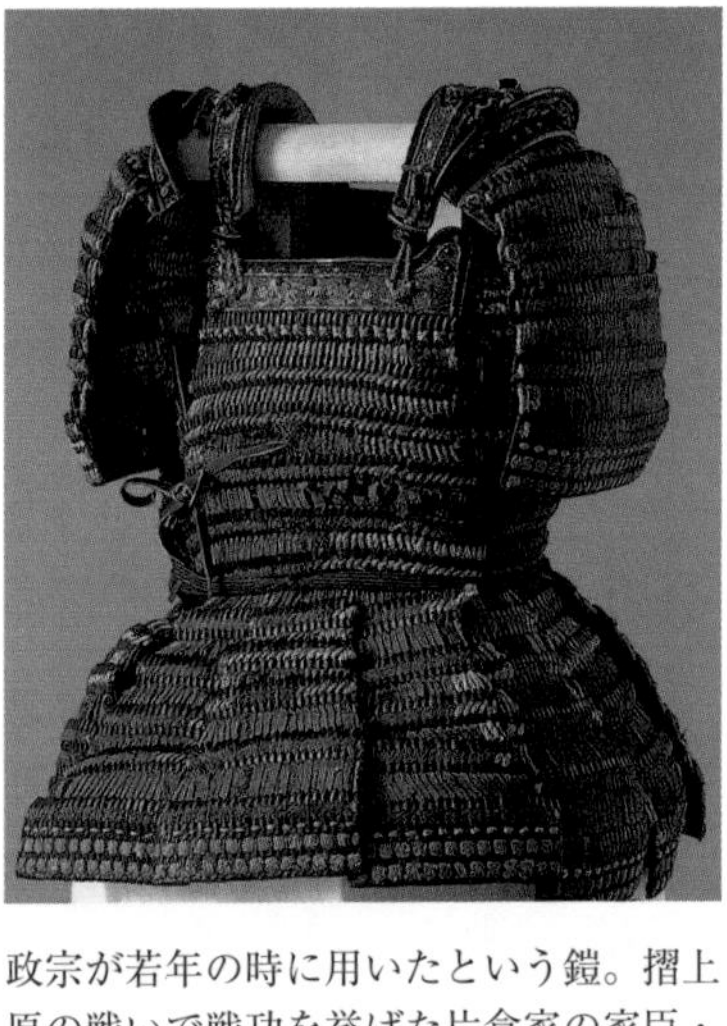

政宗が若年の時に用いたという鎧。摺上原の戦いで戦功を挙げた片倉家の家臣・湯村福幸に与えたものと伝わる（仙台市博物館所蔵）

苦戦の連続

伊達政宗率いる伊達軍団は精強であったとの印象が強く持たれている。それは、政宗が家督相続後数年にして領土を二倍以上に拡大したことが大きく影響しているようだ。しかし、その過程を見ると、実は政宗率いる伊達軍団は苦戦を重ねていたことが判明する。

例えば、政宗が家督を継いで最初に起こした軍事行動は、米沢から南へ兵を向け、檜原峠越えで会津を攻めようとした関柴・檜原合戦であるが、政宗自身が兵を率いて柏木城（福島県北塩原村）などを攻撃したものの、堅い守りに阻まれて攻城を断念。檜原に城を築いて橋頭堡《きょうとうほ》としたが、以後数年にわたってこの方面からの攻勢はかけられなかった。

また先ほど紹介した大崎攻めは、政宗自身が采配を振るったわけではなかったが、見事に敗北。摺上原の戦いの後に南会津や西会津を制圧しようとした際には、山内氏の水久保城（福島県只見町）や河原田氏の久川城（福島県南会津町）を圧倒的多数の軍勢で攻めたが、落とすことができなかった。

その後を見ても、関ヶ原の戦いと連動した上杉氏との軍事衝突では、大挙して旧領であった伊達郡・信夫郡へ侵攻したものの、頑強な反撃に遭い一日で撤退しているし、大坂夏の陣では戦力比で圧倒して大坂方の後藤又兵衛や薄田《すすきだ》隼人《はやと》を討ち取ったが、「日本一の兵」と賞された真田信繁（幸村）との戦いでは、公平に見れば敗戦であった。

このように、政宗が活発に軍事行動を行い、南奥羽を制圧したとされる米沢時代においても、伊達軍団は「連戦連勝」というわけではなく、むしろ苦戦の連続であったという方が実態に合っている。政宗率いる伊達軍団は決して強い兵であったとは評価できず、政宗が急速に領国を拡大したのは、その軍事力よりも、外交力に拠るところが大きいというのが事実に即しているようだ。

天下人との関係

豊臣秀吉、徳川家康といった天下人は、野望を持ち続ける伊達政宗を警戒したという評が一般的である。しかし、同時代の史料や晩年の政宗の述懐では、天下人と政宗の人間関係にはまったく違う様相が見えてくる。まず、秀吉についてであるが、端的に言えば秀吉は政宗を好んでいたようだし、政宗も秀吉に対してなみなみならぬ親近感を抱いていた。母に宛てて書いた手紙で政宗は「秀吉の厚遇は、父親のようだ」と書いている。また秀吉から拝領した太刀「鎺《はばき》国行《くにゆき》」を政宗は終生愛用したし、秀吉没後にその形見として受け取った脇差「鎬藤四郎《しのぎとうしろう》」は正月の年始儀式の際に必ず身に着け、幕閣から将軍への献上をほのめかされた際には色を成して機嫌を損じたと記録されている。

拡大した所領を大幅に削減され、父祖伝来の伊達郡や米沢を取り上げられて岩出山への移封を命じられるなど、政宗は豊臣政権からは相当に過酷な扱いを受けている。しかし、そうした

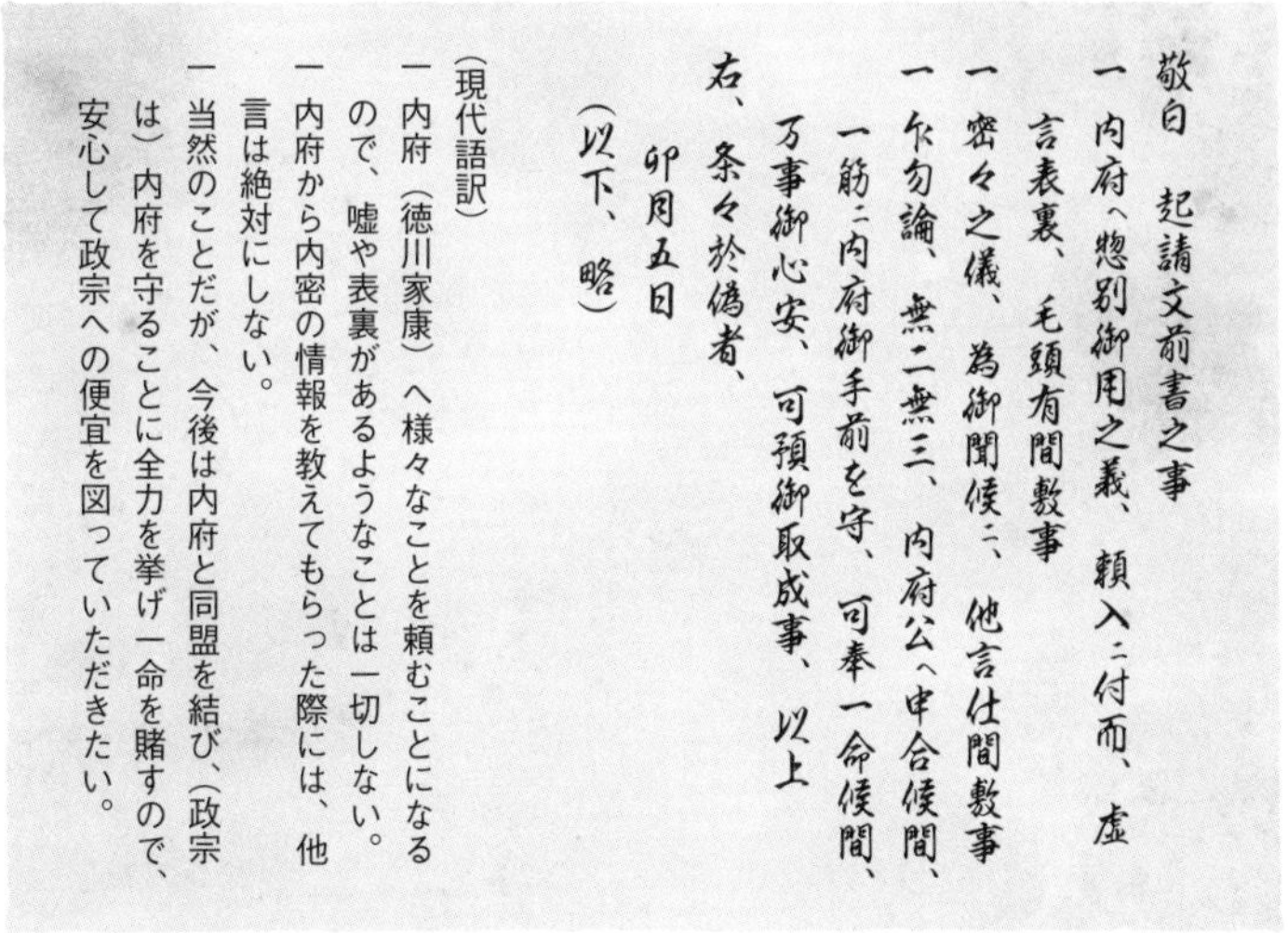
敬白　起請文前書之事

一　内府へ惣別御用之義、頼入ニ付而、虚言表裏、毛頭有間敷事

一　密々之儀、為御聞候ニ、他言仕間敷事

一　不勿論、無二無三、内府公へ申合候間、一筋ニ内府御手前を守、可奉一命候間、万事御心安、可預御取成事、以上

右、条々於偽者、

卯月五日

（以下、略）

（現代語訳）

一　内府（徳川家康）へ様々なことを頼むことになるので、嘘や表裏があるようなことは一切しない。

一　内府から内密の情報を教えてもらった際には、他言は絶対にしない。

一　当然のことだが、今後は内府と同盟を結び、（政宗は）内府を守ることに全力を挙げ一命を賭すので、安心して政宗への便宜を図っていただきたい。

慶長４（1599）年４月５日に徳川家康へ出した伊達政宗の誓約書
（大阪歴史博物館所蔵文書）

措置への政宗の恨みは、豊臣政権を切り盛りしていた奉行たち、とくに政宗と豊臣政権の連絡役になっていた浅野長政らに向けられ、秀吉に対しては悪感情ではなく、むしろ親愛の念を抱き続けたようである。

徳川家康に対しても同様であった。秀吉没後まもなく、政宗は家康に対してその指揮下に入ることを明確にした誓約書を提出している。実はこれだけ早く旗色を鮮明にした大名は他にいなかったと言ってよい。そうした政宗に対して、家康も大きな信頼感を持っていたようである。息子忠輝と政宗長女五郎八《いろは》姫の縁組だけでなく、政宗嫡子忠宗と家康息女の婚約が結ばれたこともその表れである。

　家康の政宗に対する信頼感は、大坂の陣前の幕府の城郭政策にも明確に表れている。徳川幕府は、豊臣氏に対しては大坂を囲むように、そして東海道の道沿いに多くの城を築いたが、奥州に対しては城郭を整備するなどの警戒体制を採らなかった。関ヶ原の戦いによって領土を大きく削減された上杉氏や佐竹氏といった危険分子がいたにもかかわらずである。それはとりもなおさず、伊達政宗という有力な同盟者が厳然と控えており、万が一の時には政宗が上杉や佐竹を制圧してくれるだろうという信頼感に基づくものであった。政宗もそうした信頼感に応える行動を取っていたからこそ、ついに六二万石という広大な領土を維持することができた。

　政宗の「野望」は全国を武力で統一するというものではなく、領国を繁栄させることにあった。その現れが、仙台城や城下町の姿に反映されていたことは、前にも記したとおりである。

伊達政宗の騎馬像は戦陣の姿と受け止められがちだが、よく見ると軍扇を隠すように右手を背中にまわしている。これは、戦いを終えて新しい国づくりを考えているさまを作者の小室達がイメージしたもの、とも言われている（写真：菊地淳智）

五　内なる繁栄を求めて

伊達政宗は天下を目指さなかった……。では、政宗はどのようなビジョンを持って領国経営や家臣団統制といった内政に取り組んだのか。手あかにまみれた説はひとまず傍らによけて、政宗の取り組みを再検証したい。

交通網の整備

政宗が取り組んだ内政のうち、家臣団統制や城下町建設に関する基本方針は、軍事が優先されていないこと、利便性の追求、そして人的資源の重視、といった点であった。この基本方針は、仙台城や城下町の第一期整備が一段落した後の慶長一〇（一六〇五）年前後から本格的に始動する領国整備のなかでも、やはり堅持されている。

利便性の追求で言えば、交通網の整備が直結する分野である。まず着手されたのは、藩内を南北に縦断する奥州街道の整備。仙台城下以南の奥州街道の路線を確定させ、中田や長町（いずれも仙台市太白区）などの宿場町が順次整備されていった。その後、大坂の陣が終わった後に仙台城下以北の街道整備が進行し、吉岡（大和町）、富谷新町（富谷市）、七北田《ななきた》（仙台市泉区）などの宿場町が次々に整備されていった。同じ頃には、奥州街道に接続する藩内の主要街道（脇街道）の整備も進み、街道整備に着手して約二〇年、政宗の晩年には、藩内の主要な街道や宿場町のほとんどが完成している。

この街道整備は、宿場町の設置や路面の整備だけでなく、ルートの変更を伴うものであった。近世史研究者の千葉正樹氏は、奥州街道の整備は大きく蛇行していた道筋を直線状に改めていったもので、その結果として仙台藩領を北端から南端まで縦断するのに、以前は五日程度を要していたのが、約一日分は行程が短縮されたはず、と評価している。

奥州街道の大部分は、近代以降も幹線道路として用いられ姿を変えていったが、栗原市の高清水から築館に至る道筋はかつての面影が随所に残されている（写真提供／栗原市田園観光課）

川を渡る橋にしても、例えば仙台城下の入口となる現在の宮沢橋付近に広瀬川を渡る橋が設けられ、政宗晩年の居所である若林城南方の広瀬川にも橋が架けられたという。

道路の直線化や橋の建設は、自軍の移動を迅速にするという利点がある一方で、敵の進入も容易にするという側面もある。しかし、奥州街道の整備は、そうした軍事的な配慮よりも、まずは領内における移動時間の短縮が考慮されたと考えるべきであろう。

水運のネットワーク

車両の発達が遅れた日本では、物資の大量輸送は水運を用いるのが有利であった。政宗も北上川の改修とその河口・石巻の港湾整備を一体として行った。これによって石巻は後に東北地方太平洋側最大の港町に発展する。

ほかにも、阿武隈川河口の荒浜（亘理町）と名取川河口の閖上《ゆりあげ》（名取市）を結ぶ木引堀を開削し、閖上から名取川、広瀬川を遡る「水の道」と接続させて、阿武隈川や白石川流域から木材などを城下建設の資材として搬入するのに役立てている。今も仙台に残る舟丁の地名は、かつての「水の道」の終点近くに位置し、船の運航に関わった人々の居住地であったことに由来する。

さらにこの舟丁近くで広瀬川から分流する七郷堀や六郷堀は、若林城やその城下の建設に際して、運河としての機能を担った可能性がある。若林城建設に関連する史料に、「舟だまり」「舟

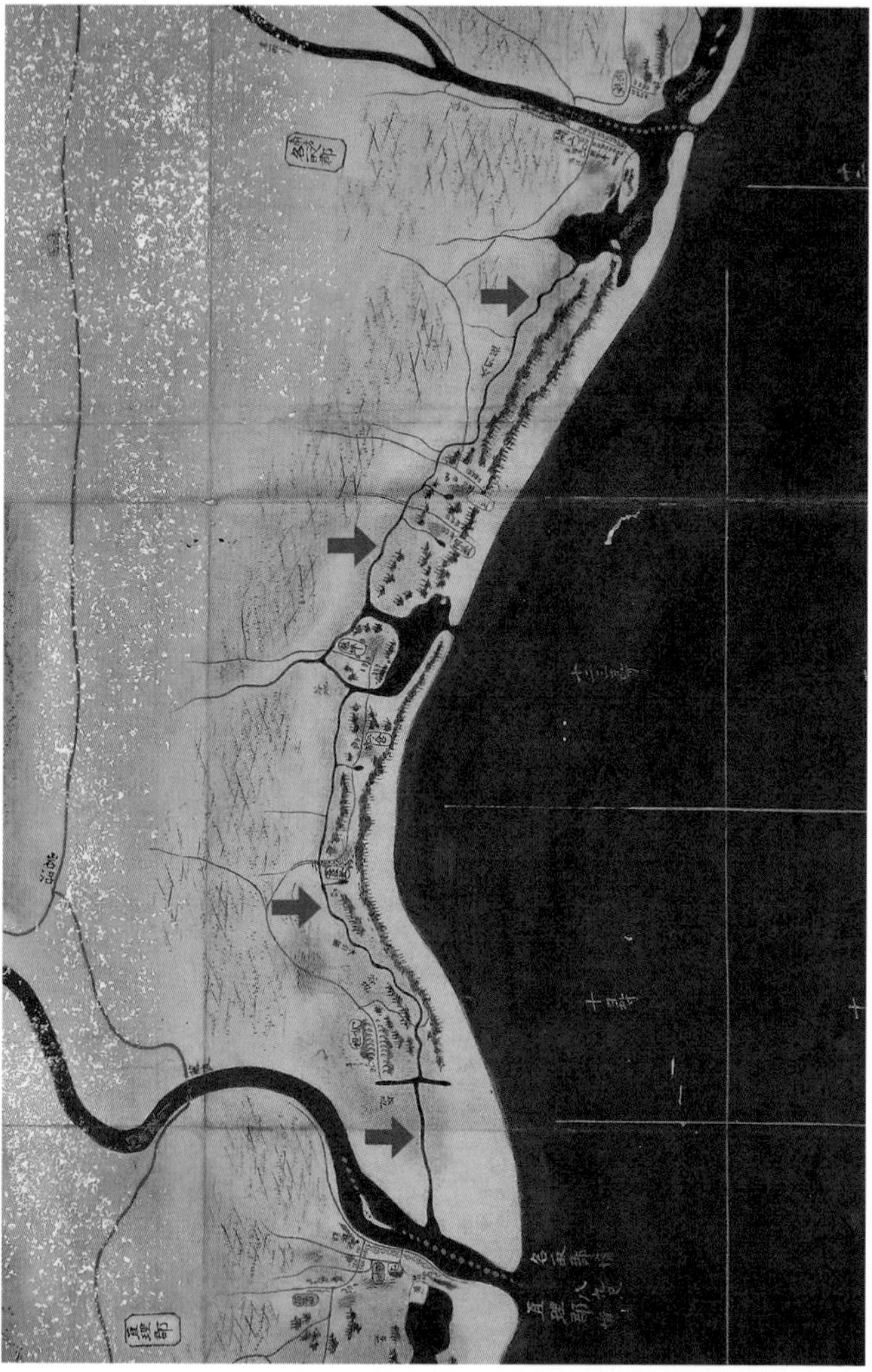

仙台藩沿岸を描いた江戸時代後期の絵図。名取川河口の閖上と阿武隈川河口の荒浜を結ぶ木引堀（矢印）は、明治時代の大改修以前はこの絵図に見られるように細く屈曲した流路だった（仙台市博物館所蔵）

入り」といった舟運関係施設の記載が確認でき、また若林区文化センター付近で行われた発掘調査では、七郷堀の旧流路に接した船着き場のような施設の痕跡が見つかっている。政宗の城下町整備、交通網整備のなかで、水運のネットワーク構築は最重要課題の一つとして取り組まれたのであった。

新田開発

政宗が重要施策とした水運によって運ばれた最重要物資が米である。

政宗はその領地の石高規模からすると、非常識なくらいに多くの家臣を抱えたことは以前に紹介したが、その家臣団を維持する方策が新田開発であった。希望する藩士に低湿地を与えて開墾させ、新たに田となった土地は家臣たちの知行地となり、その規模が大きくなるほど、開発者の収入は増加し、藩内でのステータスもアップする……。自助努力によって幾つものメリットを手中にできるという、向上心をくすぐる巧妙な仕掛けであった。結果的に藩士による新田開発が活発に行われ、公称六〇万石と評価された仙台藩の農業生産高は、政宗没後約八〇年後には約一〇〇万石と幕府に報告された。ただ、実際の生産高はこれにとどまらず、実は一五〇万石から二〇〇万石に達していたと推測される。

こうした農業生産の大半を占めたのが、いうまでもなく米であった。藩内で消費しきれない大量の米が、石巻を出発点とする水運ルートを用いて江戸に運ばれ、仙台藩の大きな収入になった。その量は、江戸時代半ばで年平均二〇万石。現在の単位に置き換えると、三万トンに達していた。この量は、江戸に住む一〇〇万人と言われる人々が年間に消費する飯米《はんまい》の約一割に相当する。仙台藩領は江戸で取り引きされる米の最大のシェアを誇る大産地であった。もちろん、政宗在世時にはここまでの展開には至っていないが、現在に至る「米どころ」宮城県の礎が政宗の政策に端を発しているのは疑いない歴史的事実である。そしてそれは単なる、農業生産の向上策だけにとどまらず、人的資源を重視し、維持するという政宗の基本理念にも深く関係していることを評価しておきたい。

産業育成と人的資源

政宗が人的資源を産業育成や領内整備に有効に活用した事例は幾つも指摘することができる。具体的な事例を列挙すれば、建築面では、城郭の石垣を構築するための石工は大坂周辺、城や神社仏閣の豪壮な建築を造るための大工は紀伊（和歌山県）からそれぞれ招聘してきた。物産で言えば、京都や大坂から技術者を招いた筆や、政宗の親友であった柳生宗矩の紹介で当時最先端の技法を誇った大和国（奈良県）から技術者を迎えた酒造などがある。また、大坂の道明寺の技術を導入した糒（蒸した米を乾燥させた保存・携帯食品）や、政宗の旧領である伊達郡茂庭《もにわ》（福島市）から技術者を移住させたことに始まる柳生《やなぎう》（仙台市太白区）の和紙などは、その品質の良さから、将軍や幕府関係者への献上品としても用いられるほどに成長した産物である。

ほかにも、長門（山口県）や江戸周辺へ関係者を派遣して技術の移入を図った製塩や、摂津（大阪府）などへ農民を派遣して技術を習得させた炭焼きなど、人的資源を活用した産業振興は多岐に及んでいる。

仙台藩主・政宗が目指したのは、軍事的、政治的にその勢力を拡大させることよりも、領内のインフラを整備し、産業の振興を図り、内なる繁栄を実現することにあった。「河水千年民安国泰」。これは仙台城と町を結ぶ橋の擬宝珠に政宗が刻ませた文の一節である。とこしえに流れるであろう広瀬川のほとりに、人々が安んじて暮らす豊かな国を実現することを、政宗は誓っていたのである。

「河水千年」の銘文がある慶長６（1601）年竣功の仙台橋の擬宝珠（仙台市博物館所蔵）

六　「伊達文化」の実像

伊達政宗は文武両道の武将と評される。その政宗の「文」に関連して「伊達文化」または「伊達な文化」という言葉がしばしば用いられる。しかし……。

「伊達文化」の実像

政宗の個性によって作り上げられた「伊達文化」に関連するとされる複数の文化遺産が、平成二八（二〇一六）年に文化庁によって「政宗が育んだ〝伊達〟な文化」の名で「日本遺産」に指定された。宮城県教育委員会は、この「〝伊達〟な文化」を次のように説明している。

（前略）上方に負けない気概で自らの〝都〟仙台を創りあげようと、政宗は古代以来東北の地に根づいてきた文化の再興・再生を目指しました。伊達家で育まれた伝統的な文化を土台に、上方の桃山文化の影響を受けた豪華絢爛、政宗の個性ともいうべき意表を突く粋な斬新さ、さらには海外の文化に触発された国際性、といった時代の息吹を汲み取りながら、新しい〝伊達〟

な文化を仙台の地に華開かせていったのです。（後略）（「政宗が育んだ〝伊達〟な文化」公式ウェブサイトより）

実のところ、省略した部分を含めて、県教育委員会がまとめた説明は突っ込みどころが満載だし、日本遺産「政宗が育んだ〝伊達〟な文化」の構成要素には、この説明とはどう考えても合致しない文化遺産が少なからず含まれ、やみ鍋のような安易さを感じざるを得ない。政宗が、当時の武将としては一頭地を抜いた文化人であることは間違いないが、政宗が指向した文化は、本当に仙台の地で独自の発展を遂げ、そして後世に受け継がれたのだろうか？

例えば、仙台城下のなかで「伊達文化」をイメージさせる絢爛豪華な建築は、政宗が作った仙台城と大崎八幡宮、そして政宗没後にできた瑞鳳殿と東照宮くらい。これで「華開かせた」は過

馬上少年過
世平白髪多
残軀天所赦
不樂是如何

伊達政宗の肖像画。仙台藩が江戸幕府の御用絵師・狩野安信に描かせた、「公式肖像画」ともいうべきもの（仙台市博物館所蔵）

大評価であろう。「海外の文化に触発された国際性」と言っても、それが見られるのは、政宗の遺品のほかはいくらもなく、仙台藩の文化を特色づけるほどの広がりを見せたとはとても言えない。このように「政宗が育んだ〝伊達〟な文化」の説明は、実態に即したものと評価することはできない。

よく、「仙台は伊達藩の伝統から茶道などが盛ん」と言われることがある。しかし、総務省の社会生活基本調査（二〇一六年）によれば、人口一〇〇人当たりの茶道愛好者は、全国平均一・六人のところ宮城県は一・二人にすぎない。能楽堂がないことも含めると、政宗が好んだ伝統文化が、この地域に深く根差しているとは評価し難い。

「〝伊達〟な文化」は魅力的な言葉であるが、言ってみれば実は根拠のない「おまじない」のようなものである。信じる人は信じているが、冷静に客観的に調べると実態がない幻想のようなものなのだ。

文化人・政宗

伊達政宗が文学や芸能を幅広く愛好していたことは広く知られている。政宗の和歌を大変に優れたものと評価する論も少なくない。

しかし、日本文学の研究者の意見はどうも違うようだ。故・金沢規雄氏（宮城教育大学名誉教授）は「歴代の仙台藩主の中でも和歌に限定すれば、吉村（五代藩主）、重村（七代藩主）が歌人として優れていた」といい（『伊達政宗　文化とその遺産』一九八七年）、また綿抜豊昭氏（筑波大学大学院教授）は「政宗の和歌を名歌とするのは難しいように思われる」との評を下している（仙台・江戸学叢書11『政宗の文芸』二〇〇八年）。

ただ、こうした評価は、決して政宗の文学に対する素養や作品のレベルが低いと言っているのではないことには注意が必要である。政宗の和歌作品には、「本歌取《ほんかどり》」と言われる、古典作品に範を求めてそれをアレンジしたものが少なからず存在する。それは剽窃《ひょうせつ》ではなく、和歌の創作活動の一分野であり、古典に対する幅広い知識と、相応の技術があって成し遂げられるも

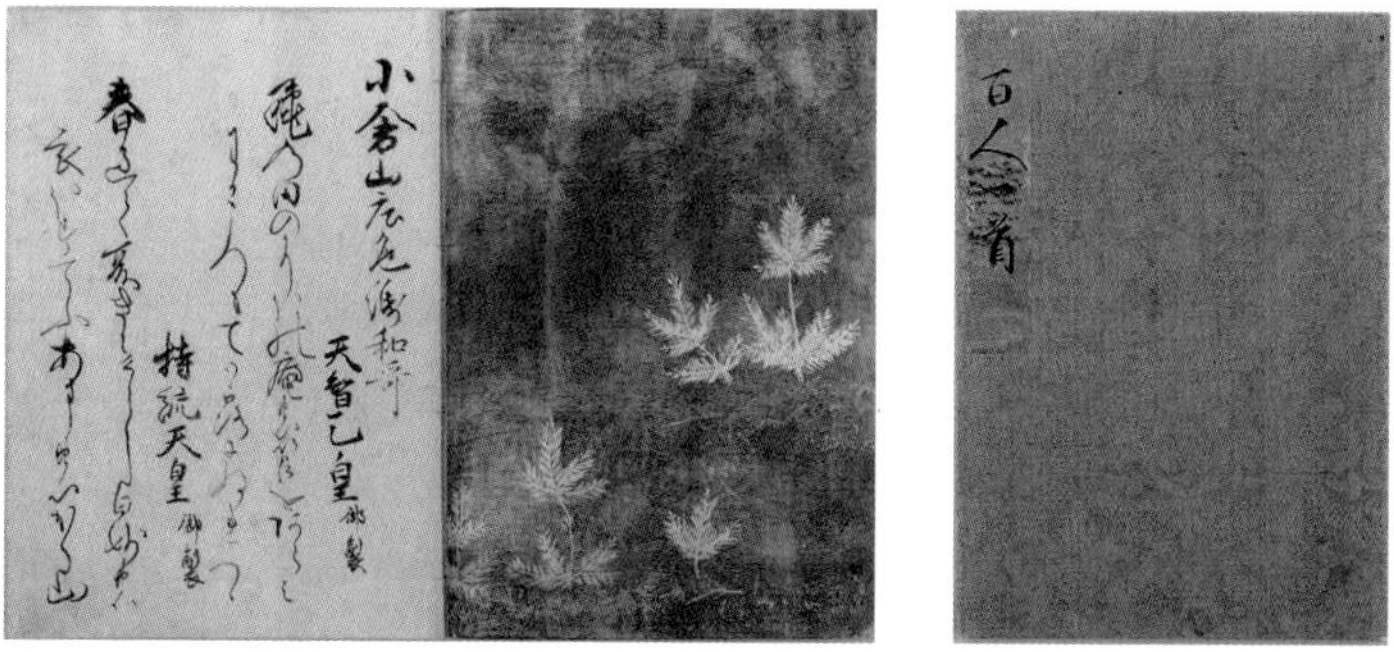

有名な百人一首を政宗みずから筆を執って書き写したもの。写真は、冒頭の天智天皇と持統天皇の歌の部分（仙台市博物館所蔵）

のである。政宗の和歌は、一流とは言えないかもしれないが、当時の武士の中ではやはりトップクラスにあり、公家や僧といった一流の文化人と交流しても恥ずかしくないレベルにあったことは間違いない。

さらに政宗は、和歌のみならず連歌・狂歌・漢詩・散文など幅広い分野に通じ、作品を残した。日常的に古典に親しみ、交遊のツールとし、折にふれて歌を詠む。政宗にとって文学は日常生活そのものだったのかもしれない。

また、政宗は能や茶の湯、香などの芸能にも関心が高かった、同じような意味で、超一流とは言えないが、文学と同様に幅広い知識を有し、知己や家族、家臣と楽しんだ。政宗は様々な分野の文学や芸能をトータルとして身につけ、個別のジャンルでは超一流、一流とは言えなくても、どれも人並み優れたレベルにある。政宗を評価すべきは、ある特定の分野に優れているというのではなく、幅広い総合的な教養を自家薬籠中にした点にある。

温故知新の人

日本遺産「〝伊達〟な文化」は「意表を突く粋な斬新さ」を政宗の個性と評している。たしかに、朝鮮出兵時に京の耳目を驚かせるような、派手で奇抜な軍装の行列を政宗が演出したことはよく知られている。政宗の遺品として有名な山形文様陣羽織なども、当時の流行にのった斬新さを代表するものと言えるが、政宗の真価はそこにあるのではない。

政宗が国元に作った、彼の文化指向を具現化したと言える仙台城や大崎八幡宮、そして松島の瑞巌寺は、豪華絢爛あるいは壮大であるが、「斬新」とか「奇抜」といったものではない。政宗が好んだ文学や芸能も同様である。政宗の作風や好みは、流行を取り入れながらも、伝統性や古典を踏まえたオーソドックスなものが多いことが、なぜか見過ごされている。

こうして見ると、政宗は当時の流行を受容し追いかけながらも、実はその文化指向の基本は伝統的なものにあったと考えざるを得ない。政宗が仙台城に造営した本丸大広間が、室町文化の伝統性と桃山文化の革新性を兼ね備えたものであることは、「一　仙台城にこめられた政宗の真意」で指摘したとおりである。

下剋上が激しかった戦国時代において、伊達家は鎌倉時代以来の

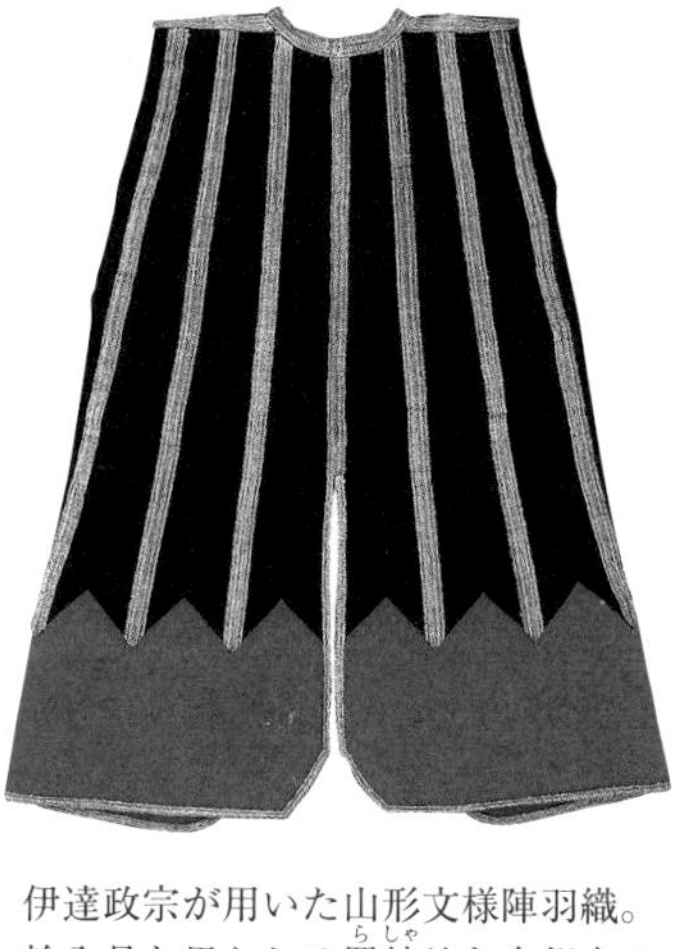

伊達政宗が用いた山形文様陣羽織。輸入品と思われる羅紗《らしゃ》地と金銀糸のモールを用いている。今は失われているが、襟には黒いフリルの飾りがあった痕跡があるなど、当時流行した南蛮趣味を色濃く反映した資料（仙台市博物館所蔵）

大崎八幡宮（写真：菊地淳智）

国分寺薬師堂（写真：筆者）

武家の名門としての地位を保ち続けた家柄である。戦国の動乱の中でも、歴代の当主は和歌をたしなみ、能に親しみ、京の連歌や蹴鞠《けまり》の達人たちと交流をもった。

政宗も幼少時に名僧・虎哉《こさい》の教育を受け、学問だけでなく、文学や芸能などさまざまな文化的素養を身につけてきたはずである。政宗の真骨頂は、「斬新」や「奇抜」ではなく、伝統性と革新性をあわせ持った点にある。政宗はまさに温故知新の人と言うべきであろう。

実は城下に残された建築にも、政宗の温故知新の意識が残されている。城下の西端に造営された絢爛豪華な大崎八幡宮の本殿内陣は室町文化の色濃い水墨画で飾られている。そして大崎八幡宮と同時に政宗は、古代以来の国分寺に素木《しらき》造の雄渾な薬師堂を城下東端に造営した。城下の東西を守護する二つの寺社は、政宗の温故知新を具現化したものなのである。

【初出】本章は、伊達政宗生誕四五〇年を目前にした迎えた平成二九（二〇一七）年四月発行の『Ｋａｐｐｏ 仙台闊歩 二〇一七年五月号』（プレスアート）から六回にわたって連載した「政宗が目指したもの—450年目の再検証」を一部加筆修正したもの。また掲載図版についても一部変更がある。内容的に第二章と重なる部分もあるが、「伊達の国」の成り立ちを知るための導入として、大きな変更は加えなかった。連載時には、掲載した内容をもとにした「歴史カフェ」を開催してもらった。以前から、サイエンスカフェの歴史版ができないかと考えていたことが、『Ｋａｐｐｏ』編集部のご厚意で実現できた。カフェやイベントスペースを会場にし、通常の講座より参加者との距離が近く、そして毎回の飲み物とスイーツ（筆者がセレクトした回もあった）が楽しい、夢のような企画だった。

第二章

新・政宗論

朝焼けの中、美しいシルエットが浮かび上がる（写真：菊地淳智）

一　伊達政宗の領国統治

伊達政宗については、その容姿を伝えるものとして、仙台城本丸跡に立つ騎馬像や松島瑞巌寺に残る甲冑像が代表的なものとされるように、「最後の戦国武将」というイメージが強い。しかし、彼の生涯を見てみると、南奥羽で盛んに軍事行動を行っていたのは、天正一九（一五九一）年、二五歳の時までのわずか一〇年にも満たない期間である。

一方、仙台を新たな治府と定めたのが慶長五（一六〇〇）年で、関ヶ原合戦に伴う軍事行動や大坂の陣への参加はあったものの、以後三〇年以上の歳月を政宗は主として為政者、すなわち初代仙台藩主として過ごした。「戦国武将」としての数倍の時を政宗は「仙台藩主」として活動したのであった。しかし、これまでの伊達政宗研究は、後述する慶長遣欧使節に関した分野を除くと、初代仙台藩主としての伊達政宗の行動を十分に検証しているとは言い難い状況にある。本稿では、政宗仙台藩初代藩主としての為政者の面を中心に、政宗後半生の事績をなぞってみたい。

仙台城本丸跡に立つ伊達政宗騎馬像

一　岩出山時代の領国統治

天正一九年九月、伊達政宗は出羽国米沢から旧大崎領の岩出山（宮城県大崎市）へ居城を移した。豊臣政権による奥羽仕置に伴う措置で、父祖伝来の出羽国長井郡や陸奥国伊達・信夫・刈田および政宗が自らの手で切り取った安達・田村の諸郡を没収され、代わりにかつて大崎氏・葛西氏の所領であった現在の宮城県北・岩手県南の地を与えられた。

この新しい領国で、政宗がまず行わなければならなかったのは、数千人に及ぶ家臣の知行割である。伊達氏の家臣たちは、旧領においても所領を複数箇所に分散して領有するのが常態であった。錯綜した所領を整理しながら個々の家臣の禄（知行）高を確定し、新領国で再分配する作業は膨大なものだったはずである。それが具体的にどのように進められたかをうかがい知る史料はほとんど残されていないが、知行の確定は家臣団統制にとっては最重要かつ喫緊の課題であり、またそれぞれの家臣の側にしてみれば生活に直結する問題であり、多くの課題を抱えながらも迅速に進められたことだけは間違いない。

その結果として、家臣たちは政宗の新しい領国内に知行地を配分され、岩出山城下あるいは知行地内に確保した屋敷に移住することになった。とくに重臣層については、奥羽仕置の過程で行われた「城割《しろわり》」によって残された城郭（支城《しじょう》）への再配置も進められた。この時点で、政宗の新たな領国にどのくらいの数の支城が存在したか、明確に示す史料は残存しないが、江戸時代に「要害」として存続したものや、仙台藩重臣の由緒書などから、三〇カ所以上の支城が存在したと類推される（第三章　二「白石城と仙台藩の要害」参照）。

この時期、伊達政宗は国元にいることがほとんどなかった。天正一九（一五九一）年九月に岩出山に居城を移し、慶長五（一六〇〇）年七月に上杉攻めのために上方から帰国して名取郡北目城（仙台市太白区）に居を構えるまでの約九年間のうち、政宗が国元で過ごしたのは合計で半年に満たない。この間に領国の実際的な統治責任者であったのが屋代勘解由兵衛景頼《やしろかげゆひょうえかげより》である。譜代の中級家臣から刈田郡白石（宮城県白石市）城代を経て岩出山留守居に抜擢された屋代景頼は、政宗の命を受け、執行する責任者となった。しかし屋代景頼が政宗の代理者として君臨したこの時期、伊達氏の家臣団は一歩間違えれば崩壊しかねない危険な状況にあった。

一度は拡大した政宗の領国が岩出山移封などで半分近くに小さくなったことに伴い、家臣の大部分は禄を大きく削減されていた。葛西・大崎一揆で荒廃した新領国での生活は、家臣たちにとって厳しいものであったことは疑いない。さらに政宗に加えて主な重臣も上方に滞在することを豊臣政権から命じられた。伏見には一千人以上の伊達氏家臣団が住んだと言われているが、彼らが異国の地で生活する経費の多くは国元からの仕送りで賄う必要があった。家臣たちが豊臣政権下の新しい環境に苦しむなか、政宗が国元に戻ることを許されなかったことも家臣たちの不満を大きくしたものと思われる。結果として、政宗と重臣の不和が次々に表面化し、伊達領を出奔してしまう者が相次いだ。文禄元（一五九二）年の遠藤文七郎宗信を皮切りに、慶長元年頃に伊達九郎盛重、さらには伊達五郎成実《しげざね》までもが伊達領を出奔した。また政宗の側近であった茂庭《もにわ》石見守綱元も政宗と対立し、隠居を強制される事態に至っていた。

この時期、政宗と家臣の関係の隔絶を象徴するような注目すべき事象がある。それは家臣宛て政宗書状の激減と変質である。『仙台市史　資料編　伊達政宗文書』全四巻に収録された家臣および親族宛ての政宗書状は、天正一九年に四三通あったのが、文禄元年二一通、同二年二七通、同三年一六通、同四年九通と激減する。結果として、政宗の書状の宛て先は重臣・側近・家族にほぼ限定される。慶長年間に入ると元年は四通、そして翌年にはついに見られなくなり、家族・家臣宛ての書状がほとんど確認されない状況が数年間続くことになる。さらにこのように激減した家族・家臣宛て書状の内容も、わずかな側近や家族宛てのものを除いて、儀礼的・定型

文禄３（1594）年11月28日に重臣の国分行信に宛てた政宗の手紙（仙台市博物館所蔵）。花押ではなく黒印が捺され、内容も通りいっぺんのもので、同内容、同日付の手紙が他に11点確認されている。

的なものとなり、黒印を花押代わりに捺したり、一通の書状の宛て名が複数名の連名になるなどの薄礼化《はくれい》が進んでいる。それまで自筆のものを含めて、家臣向けに広範に出されていた主君政宗からの書状が、ごく限られた者にしか届かなくなり、しかも政宗が自ら筆を執って書く花押ではなく、味気ない黒印が捺された書状を見た時、家臣たちは政宗と自分たちとの距離が、大きく離れたと感じたに違いない。政宗書状の変化がなぜ起こったのか、その理由を示す史料や証言は残されていないが、とにかく文禄・慶長年間初期は政宗と家臣たちとの距離感が空間的にも心理面でも大きくなったことは確かであった。

実は豊臣政権下では、大名とその重臣の対立が各地で表面化していた。宇喜多秀家と重臣の対立や、島津氏による重臣・伊集院《いじゅういん》氏の討伐がその代表例として知られている。伊達政宗と家臣間の軋轢も火が付きかねない状況にあったが、慶長三（一五九八）年の豊臣秀吉の死と、関ヶ原合戦に至るその後の政局の急変が、緊張が暴発することを未然に防いだのかもしれない。

二　仙台城の築城と城下町建設

慶長五（一六〇〇）年一〇月、関ヶ原合戦が徳川方の勝利で決着した直後、政宗は徳川家康との交渉の窓口になっていた今井宗薫に対して一一箇条の要求を伝えている。その中には、長男で豊臣秀吉から政宗の後継者と公認されていた兵五郎（秀宗）の処遇や正室・愛姫との間に生まれたばかりの次男・虎菊丸（忠宗）と徳川氏との縁組の事などとともに、「爰元《ここもと》居城ノ事」の一条があった。権力構造が大きく変化した時期をとらえて政宗は、豊臣政権によって半ば強制的に居城とさせられた岩出山城から、自身の判断によって新たな本城の地を選択しようとし、徳川家康にそのことわりを入れたのであった。

　そうして政宗が選んだのが仙台の地である。東北地方太平洋側を南北に走る交通路がX字にクロスし、奥羽山脈を越して出羽と結ぶ陸路が関山峠を越してくる道、二口《ふたくち》峠を越えてくる道、笹谷峠を越

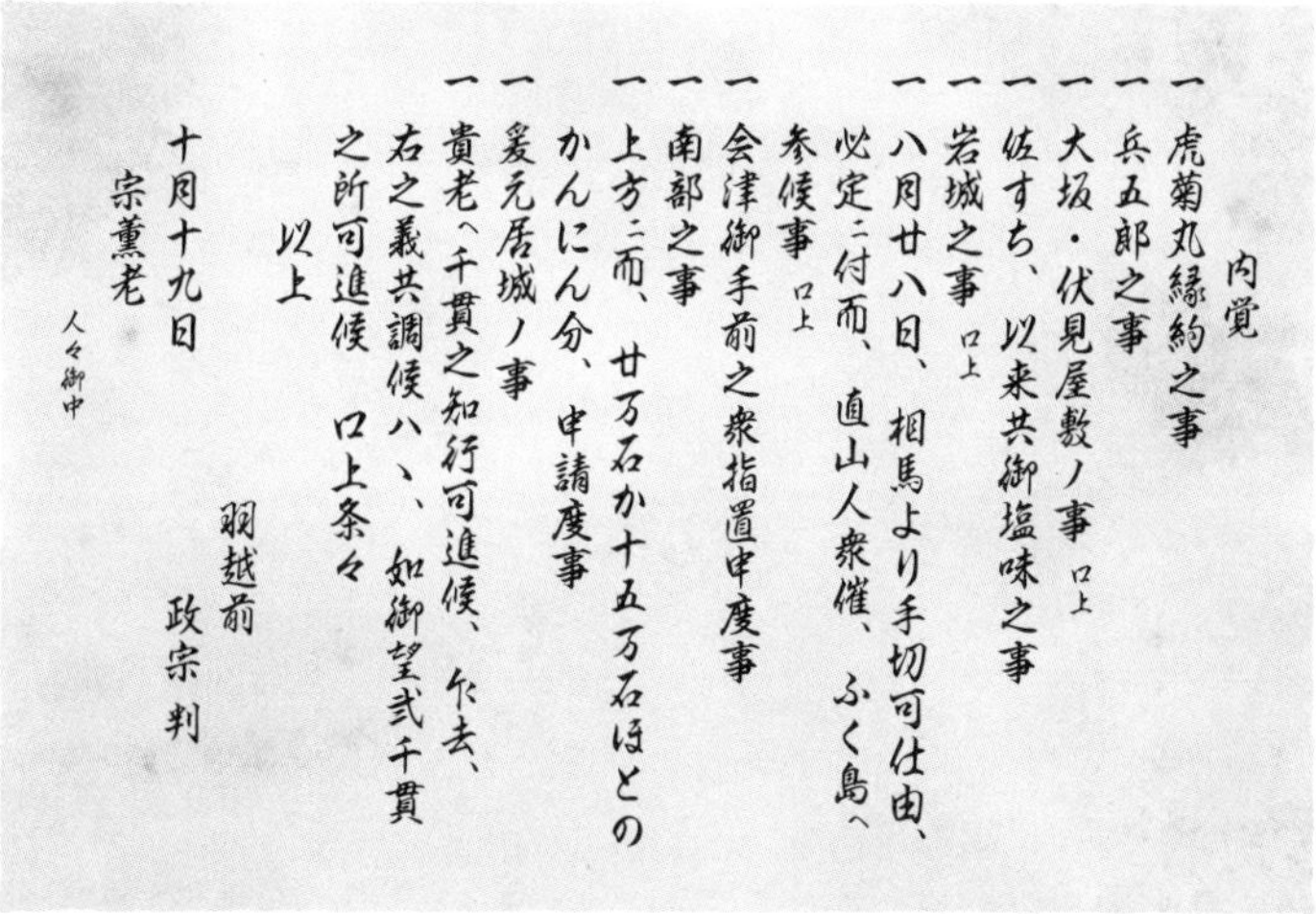

内覚
一　虎菊丸縁約之事
一　兵五郎之事
一　大坂・伏見屋敷ノ事　口上
一　佐すち、以来共御塩味之事
一　岩城之事　口上
一　八月廿八日、相馬より手切可仕由、必定ニ付而、直山人衆催、ふく島へ参候事　口上
一　会津御手前之衆指置申度事
一　南部之事
一　上方ニ而、廿万石か十五万石ほとのかんにん分、申請度事
一　爰元居城ノ事
一　貴老へ千貫之知行可進候、仍去、右之義共調候ハヽ、如御望弐千貫之所可進候　口上条々
以上
十月十九日　羽越前 政宗　判
宗薫老
人々御中

関ヶ原合戦後に伊達政宗が徳川家康に求めた11箇条の要求事項を記した覚書（「政宗君記録引証記」所収）

してくる道と三つ集まり、塩竈、名取川河口の閖上《ゆりあげ》という港が存在して海運との接続も悪くなかった仙台平野は、東北地方太平洋側で最も重要な交通の要衝であった。この仙台平野のなかで政宗が居城を置く場所として選んだのが、広瀬川に面した青葉山であった。政宗がこの要害の地を選んだことについても諸説があるが、上杉氏と交戦状態にあるなかで早期に城普請を進めなければならなかったことが大きな要因とする小林清治氏の説は説得力を持つ。

城普請は急速に進められ、翌慶長六（一六〇一）年四月に政宗は「まだ本丸の壁さえ付いていない」城に入った。おそらくは軍事要塞として必要最小限の工事を優先させたもので、本格的な「居城」というものには程遠い状況だったと推測される。後世に記された幾つかの記録は、仙台城の普請もしくは作事が慶長七年に完成したと記している。おそらくこの時点での完成は「第一期工事」のようなものであり、仙台城はまだまだ整備・拡充の余地を大きく残していた。それを示すように、慶長一四年には城と城下町を結ぶ大橋の建設が行われ、また翌慶長一五年には仙台城で最も重要な建築物である本丸大広間が完成している。仙台城の建設は、一気にその多くが出来上がったのではなく、幾つかのステップを踏んで進められたのであった。

仙台城の普請と同時に行われたのが城下町の建設である。

仙台城の東方、広瀬川を挟んだ広大な河岸段丘上に大きな城下町が建設された。南北に走る奥州街道と、これに直交する大町通を基準として、おおむね碁盤の目状の町割りが行われた。

この二つの基準線に沿った一帯には町人町を配し、また城に近い片平丁などに重臣の屋敷、奥州街道より東側と城下北部のそれぞれ東一番丁、北一番丁から始まり二番丁、三番丁……と続くいわゆる「東番丁」「北番丁」には中級家臣の屋敷が置かれた。城下町の内部には広瀬川上流で取水した四ツ谷用水が引き入れられ、人々の生活を支えることになる。

仙台城下の大きな特色は、城下町を堀や土塁、石垣などで囲郭する総構《そうがまえ》が設けられなかったことである。城下北部の北山や東部の新寺小路などに置かれた寺町も城下町の防衛拠点としての性格は薄弱で、大きな敷地を要する寺

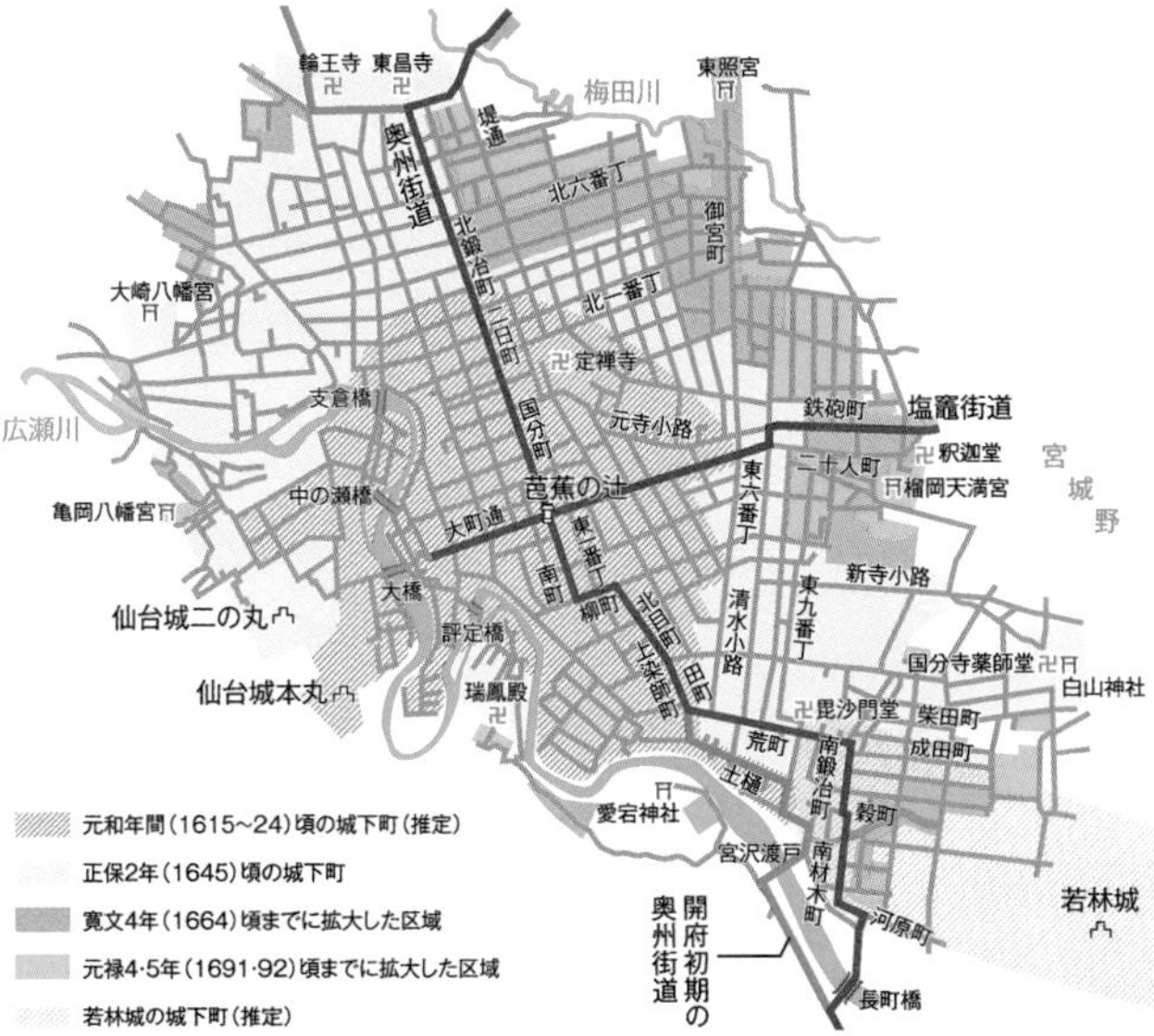

仙台城下の拡張過程（仙台市博物館図録『特別展　伊達政宗』より）

院を城下の周縁部に配して城下中心部の有効利用を図るという都市計画上の視点からの配置であったと思われる。

その後、仙台城下は順次拡大された。なかでも、政宗晩年の若林城築城に伴う南東方面への拡大、そして二代藩主忠宗期に行われた東照宮造営に伴う北東方面への拡大が大きなものであった。その後も拡大は続き、ほぼ元禄年間に至って、近代の仙台市街地の原型となる城下町の範囲が確定した。その頃の仙台城下の人口は六万人程度であったと推定されている。

三　寺社の造営

仙台城および城下町の第一期工事が一段落した後に伊達政宗が力を入れた事業が、寺社の造営であった。封建社会において、寺社を「繁盛」させることは、権力者にとって非常に大きな政治課題であった。鎌倉幕府が制定した「御成敗式目」の冒頭二箇条が寺社に関する規定であること、そしてほかならぬ伊達氏が戦国時代に制定した分国法「塵芥集」においてやはり冒頭から十数箇条にわたって神社や寺院に関する規定が配されていることが、領主にとって、伊達氏にとって、寺社政策がいかに重要であるかを物語っている。

政宗による寺社造営として年次が明確に確認できる最も早いものは、慶長八（一六〇三）年に仙台城下の元寺小路に造営された愛宕神社であり、その翌年には松島五大堂が再興造営されている。さらに慶長一二年六月に塩竈神社、同年八月に大崎八幡宮、一〇月に国分寺薬師堂の造営が相次いで成り、さらに慶長一四年三月には松島瑞巌寺の上棟式が行われている。

このうち愛宕神社は、米沢城下から仙台城下に移したものとされているが、他の寺社はいずれも政宗の新領国に以前から存在した寺社であった。すなわち、松島の五大堂や瑞巌寺の前身である円福寺は古代以来の由緒を持つ古刹であり、松島そのものが古くから奥羽一円を代表する霊場であった。また塩竈神社は、「奥州一宮」の格式を有する陸奥国を代表する神社である。仙台城下の西端に位置する大崎八幡宮は、豊臣政権の命による国替えによって政宗の所領となった大崎領の旧主である大崎氏の守護神に、伊達氏が室町時代から信仰してきた成島八幡宮（山形県米沢市）を合わせ祀ったものであり、これに相対するように城下の東端に造営された国分寺薬師堂は、いうまでもなく古代律令国家によって造営された陸奥国分寺の流れをくむものであった。このように、政宗が大々的に造営した寺社がいずれも、

17世紀に描かれた塩竈神社（東北歴史博物館所蔵）。18世紀初頭に建てられた現存の社殿以前の状況を見ることができる

有力な宗教勢力だったことは、新しい国づくりを始める上で、在来の宗教勢力を「繁盛」させることにより、広く民心を政宗に集めようとした意図があったことを推測させる。

同時に政宗は、仙台城下に移転してきた古くから伊達氏と関わりの深い寺社の造営にも着手した。正確な年次を確認することはできないが、後世に作成された由緒書などによれば、北山には東昌寺、光明寺や輪王寺、東六番丁に資福寺、向山の山麓に覚範寺（慶長七年半ば以降に北山へ移転）など、当時の城下域の周縁部に寺地が設定され、造営が進んだ。これら寺院の造営に藩がどの程度関与したかは不明であるが、仙台藩が修復や作事を行う建物の平面図を集めた『御修覆帳』には竜宝寺・定禅寺・覚範寺・東昌寺・輪王寺・光明寺・満勝寺などの仙台城下の寺院の平面図が収められていることから、これらの寺院は城下建設当初に藩の関与の下で造営が進められたものと思われる。仙台城下は度重なる火災に見舞われたため、これらの寺院でどのような建築物が造営されたのか、残念ながらその実態を知ることはできない。

四　村落政策

伊達政宗は、寺社造営以外の領国整備も着実に進めていった。城下町の建設、新田開発と水路の整備、山林の保護育成、街道や宿場の整備、運河の開削や港湾建設、他地域からの技術導入による産業振興、そして家臣団体制の確立等々。いずれの施策も、完全にその果実が実るまでには、政宗没後数十年の時を要したが、政宗によってこれらの施策が着手されたことが、仙台藩六二万石の封土、そして現在に至る宮城、仙台の発展につながっていることは間違いない。

このなかで特に注目すべきは、新田開発政策である。慶長一〇（一六〇五）年頃から本格的に着手された仙台藩の新田開発政策は、藩士に「野谷地《のやち》」「谷地」と呼ばれる低湿地を中心とした未開発地や荒廃地を与え、四年から六年の「荒野《こうや》」と称される年貢免除期間を経た後に開発地を登記して開発した藩士の知行地に加えるという手法であった。「野谷地」を与えられた藩士は、開発に当たっては農民層を動員する場合もあったが、多くは自らの家臣（家中《かちゅう》）や浪人などに開発を行わせるという手法を採った。岩出山移封時に家禄を大きく削減された藩士は競って新田開発に取り組んだ。新田を開発することによる知行高の増加は、藩内における序列の上昇をもたらすと共に、自身あるいは家族や家中が農耕に従事することによる生活の維持にもつながったのである。一般に近世社会では「兵農分離」が進んだとされるが、仙台藩では藩士やその家中が「兵農未分離」の状態であることが江戸時代を通じて変わることがなかった。

この新田開発政策は政宗以後も継続され、結果として仙台藩は江戸時代中期には公称一〇〇万石、実際は二〇〇万石にも及ぶ農業生産を実現し、江戸へ年平均二〇万石前後の米を流通させるようになる。

こうした新田開発政策と切り離せないのは、農地の掌握を目的とした検地である。岩出山移封後には、文禄四（一五九五）年頃、慶長一〇（一六〇五）年から一二年にかけて、そして元和五（一六一九）年から翌年にかけての計三度、領内で検地が行われたことが知られている。この検地に基づいて、家臣の知行割や税制の整備も進展したはずだが、関連の史料が少なく、その解明は今後の研究課題となっている。

新田開発が進む村落の支配制度を整備することも仙台藩にとっては大きな課題であった。数度にわたる検地と並行して、村の範囲の確定が進められ、各村には有力者から選任された肝入（他地域の名主・庄屋に相当）が置かれた。

実は、仙台藩内の肝入を輩出するような旧家には、大坂の陣に従軍したとする祖先伝承を持つ家が複数存在する。いくつか例を挙げると、名取郡湯本村（仙台市太白区秋保町）で肝入や山守・湯守を務めた佐藤家、名取郡四郎丸村（仙台市太白区）の菅井家、牡鹿郡野之浜（宮城県女川町）で肝入を出した石森家などで、先祖が大坂の陣に従軍したという由緒を伝えている。政宗の治世下では、生業上の兵農分離が行われなかっただけでなく、身分制度の上での兵農分離も進んではいなかったのである。村落政策の上で、政宗期は少しずつ制度の整備は進んではいたが、村の範囲や百姓身分の最終確定、租税制度の体系的な整備は二代藩主忠宗の治世下で行われる寛永検地を待たなければならなかった。

五　産業育成

この時期の村落政策では、新田開発だけではなく、さまざまな産業の育成にも意が払われた。多くの場合、それは他地域からの技術の移入という形で進められた。その代表的なものを列挙すると、江戸湾や長門（山口県）から技術を導入した製塩、河内（大阪府）の名産品に製法を学んだ糒《ほしいい》、旧領の伊達郡から技術者を移住させたという柳生《やなぎう》（仙台市太白区）の紙、大坂や京の技術者を招聘した筆などがある。また、城郭や寺社の造営にあたっては、紀伊（和歌山県）の大工や和泉（大阪府）の石工らが招聘されたと伝えている。そのほか、特定の家に限定されたものではあるが、大和（奈良県）から技術者を招聘した酒造、名取郡秋保の住人を上方に派遣して技術を習得させた製炭などもある。

なお、政宗による産業育成の一例としてしばしば取り上げられる味噌製造については、政宗もしくは仙台藩が積極的に生産の奨励や拡充を行ったことを明確に示す史料は確認されていない。「仙台味噌」が有名になるのは、江戸時代後期に仙台藩江戸屋敷で製造された味噌に由来し、仙台の特産品・名産品として味噌が一般に認識されるのは近代以降のことである。

このような産業育成とも密接に関連するのが、山林の保護や有用樹木の栽培奨励である。政宗は慶長六年九月に漆の生産や「木の実（漆の種子で、蝋などの原料となる）」に関する黒印状を発している。その後、元和・寛永期には、樹木の保護・育成、有用樹木の植樹等に関する法令を繰り返し発布している。その他にも、自身が立案しての杉の植樹、仙台城下に屋敷を有する藩士への果樹の苗木分与といった施策も積極的に行われた。

　このほか、金と鉄に代表される鉱工業も初期仙台藩にとっては重要な産業であった。とくに北上山地一帯は、一六世紀末から一七世紀初頭にかけて全国的に知られた金の産出地であり、当初は豊臣政権が採掘権を有したが、後には政宗にその権利が委譲され、新田開発が進展する以前の仙台藩の財政収入に大きく資したものと推測されている。製鉄も北上山地

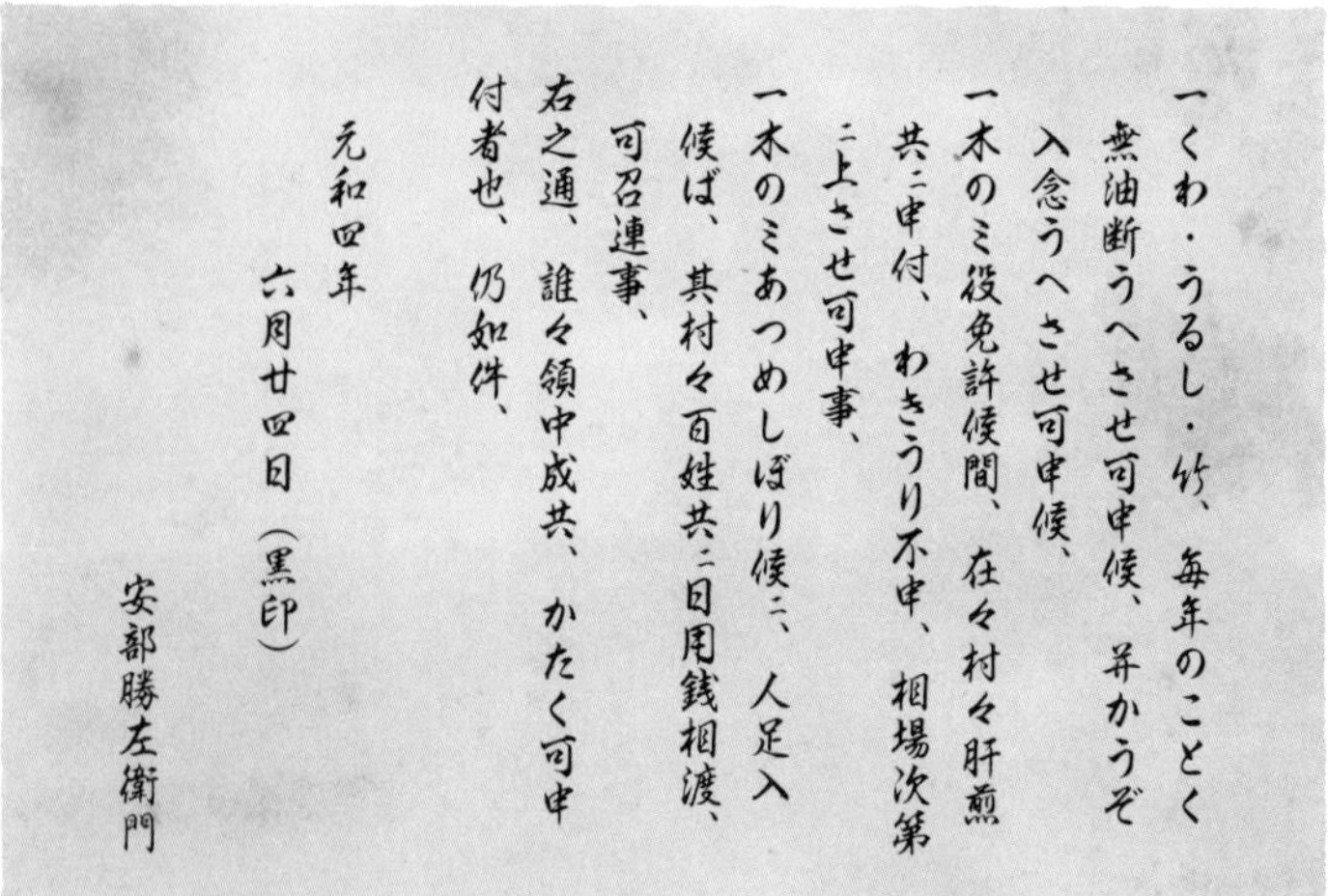

一くわ・うるし・竹、毎年のことく
無油断うへさせ可申候、并かうぞ
入念うへさせ可申候、
一木のミ役免許候間、在々村々肝煎
共ニ申付、わきうり不申、相場次第
ニ上させ可申事、
一木のミあつめしぼり候ニ、人足入
候ば、其村々百姓共ニ日用銭相渡、
可召連事、
右之通、誰々領中成共、かたく可申
付者也、仍如件、
元和四年
六月廿四日（黒印）
安部勝左衛門

桑・漆・竹の植樹や「木のミ（＝漆の種子）」の取り扱いを定めた伊達政宗の黒印状（伊達家文書）

などで盛んに行われ、とくに磐井郡の大籠（岩手県一関市）や登米郡の狼河原《おいのかわら》（宮城県登米市）で「烔屋《どうや》」と称される製鉄業が盛んであった。この製鉄については、海外の技術を導入した、あるいはキリシタンが深く関係しているとの説が古くから言われているが、その正否については、なお研究が必要である。

伊達政宗が日光東照宮に寄進した鉄製の燈籠。ポルトガルの鉄を使ったとされるが、根拠のない俗説で、仙台藩領の鉄を用いた可能性が高い（写真：筆者）

六　交通網の整備

領国整備で欠かせないのは交通網の整備である。各地の戦国大名が領国内における道路の整備や伝馬制に代表される運輸システムの構築に意を払ったことは、よく知られている。伊達領の場合、道路整備に本格着手するのは慶長年間半ばであり、それに先んじて公用の荷物や人を主要街道沿いの村落が負担して輸送にあたる伝馬《てんま》制の整備が進められたようである。政宗が本城を米沢に置いていた天正年間には、伝馬に関する史料はほとんど確認されないが、岩出山移封後には街道沿線の村落に輸送を命じる政宗発給の伝馬状が散見されるようになる。法令として明文化されたものは確認できないものの、豊臣政権下における交通運輸システムの全国的な動向を見た政宗が、自らの領国への本格的な導入を図ったものと思われる。

具体的な交通網の整備について、その経緯を明確に示す史料は確認できないが、領内を縦断する基幹路線となる奥州街道についてみると、街道沿いの宿駅の新設が、仙台以南については慶長一〇年代、仙台以北については元和年間に行われていることが確認される。このことから、ルートの変更や宿駅の整備を基軸とする奥州街道の整備は、まず江戸へ通じる仙台以南が優先して行われ、ついで仙台以北に着手されたものと推測され、脇街道については、およそ元和以降の着手と思われる。

水運については、阿武隈川河口の荒浜（宮城県亘理町）と名取川河口の閖上《ゆりあげ》（宮城県名取市）を結ぶ木引（曳）堀の開削が注目される。この運河の開削時期は明らかではないが、寛永年間に幕府が諸国に派遣した巡見使に関係して製作された絵図に描かれていることや、「木引堀」という名称から、仙台城や城下の建設に要する材木などを運ぶために一七世紀初頭に開削されたものとみるのが妥当である。実際、この運河の一方の起点である閖上からは、名取川、そし

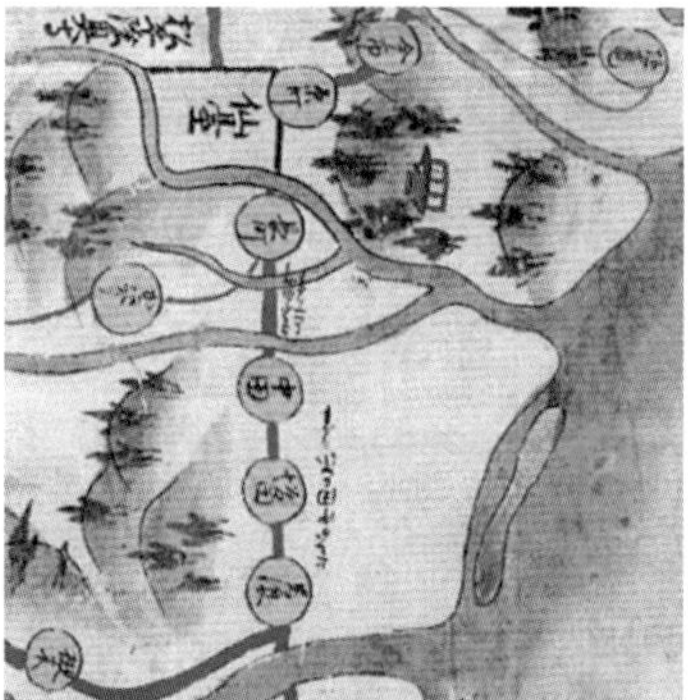

陸奥国図（部分　臼杵市教育委員会所蔵）。寛永の幕府巡見使に関わる史料と推定され、仙台藩領を描いた最古の絵図の一つ

て広瀬川を経由して仙台城下の舟町（仙台市若林区舟丁）に至る「水の道」が用いられていたことを示す史料も残っている。このルートは、広瀬川の流速や水深の浅さからあまり長く用いられず放棄されたようだが、それでも城下建設初期には大きな役割を果たしたものと思われる。

この時期に行われた水運の整備で忘れてならないのが北上川の改修とその河口に位置する石巻の港湾整備である。多くの河川が流入して不安定な状況であった北上川の流路を整理・安定化させたことについては、長門（山口県）出身の浪人で仙台藩に召し抱えられた川村孫兵衛重吉が大きな役割を果たしたと言われている。中世以来「牡鹿湊《おしかみなと》」として知られた石巻は、商人や運送業者が住む町が形成され、また数多くの米蔵が設けられ、北上川水運と江戸へ向かう海運の結節点として、奥州最大の港湾として発展することになる。

このような仙台藩初期における河川改修や水路の開削については、川村重吉の手腕が高く評価されている。しかし、実際はどうだったのであろうか。仙台藩領の灌漑用水を調べると、江戸時代初期に開削されているものが多い。そのなかには、仙台城下の四ツ谷用水や孫兵衛堀のように、現代の技術水準にも匹敵するほど緩勾配のものもある。具体的なことは今後の研究課題だが、そもそも伊達氏の領国だった南奥羽には相当に高度な水利技術が広まっていたのだろう。そうした素地があったからこそ、川村重吉は思うように腕を振るうことができたのだ。川村重吉の功績は大であるが、その陰に埋もれている在来の技術を解明することが望まれる。

七　家臣団統制

このような伊達政宗の領国整備を支えたのが、多くの仙台藩士であったことはいうまでもない。江戸時代中期、仙台藩は、中上級藩士が約三千家、「組士《くみし》」と称される下級藩士が約一千家、そして足軽や職人などの「凡下《ぼんげ》」と称される武士身分以外の家臣が約四千家と、全国でも最大級の家臣団を抱えていた。その基幹部分は政宗期に形作られたものである。若き日の政宗がその所領の拡大を実現させた際に、服属あるいは滅亡した領主やその家臣が大量に伊達氏の家臣となった。豊臣政権によって多くの領地を削減された後も政宗は、彼らの多くを召し放すことなく新領国へ移住させ、それだけでなく、新たに領国となった葛西・大崎領でも浪人となった葛西氏・大崎氏の旧臣を数多く召し抱え、さらに上方などでも新たな家臣を採用していった。

このように膨張した家臣団を維持していく手段として政宗が採用したのが、先述した新田開発政策であり、「兵農未分離」の方針であった。

多くの家臣を統制する手段として仙台藩が採用した施策が、家格制度である。すでに戦国時代半ばから、伊達氏では分家筋にあたる重臣だけでなく、功績のある譜代の家臣や服属した有力な領主を、「一家」「一族」という血縁関係を示す家格を与え、家臣団の序列を整理してきた。仙台城築城後は、政宗の親族や政宗に服属した国衆・郡主などを列する「一門」が最上位の家格として設けられ、〔一門―一家―一族―侍衆〕という家格制が成立した。なお、「侍衆」が分化して「宿老《しゅくろう》」「着座《ちゃくざ》」「太刀上《たちあげ》」「召出《めしだし》」「平士《へいし》」の家格が制度的に確立するのは、江戸時代中期のことである。ただし、この家格制はあくまでも藩内における儀礼的な序列を示すものであることに注意が必要である。家格の上下は家禄や役職とストレートに連動するものではなく、家格が上位の一家や一族に列していても藩の要職に就かなかったり、家禄が数百石程度と決して多くないという例は少なくなかった。

　家禄は、家や本人の由緒や功績、能力に基づくものではあるが、同時に有事の際には禄に応じて定められた兵力を供出するという軍役の基準ともなっていた。そのためもあってか、行政能力や実務能力に優れている者が必ずしも高禄ではなく、逆に高禄の者でも藩の要職に就かないという状況が、仙台藩では普通に見られた。その一例を示すのが奉行である。仙台藩では他藩の家老に当たる、藩政を総括する役職を奉行と称したが、奉行に選任される家臣の多くは家禄が二千石から四千石の者であった。政宗在世時に奉行に選任された家臣は一〇人余りであるが、そのうちで家禄が五千石以上であったのは石母田大膳宗頼と茂庭《もにわ》周防良綱の二人のみで、残りの約一〇人は

伊達政宗二十四将図（仙台市博物館所蔵）。左上を見上げている人物が石母田大膳宗頼

みな五千石以下であった。五千石を超える家禄を有する家臣が三〇前後に及ぶなかでのこうした方針は、藩の役職は家格や家禄ではなく、個々の能力に応じて任じるという方針によるものであった。このコンセプトは政宗期に限ったことではなく、以後幕末まで継続されることになる。

八　支城整備

家臣団統制を考える上で欠かすことができないのは、支城《しじょう》制度の展開である。

先に見たように、岩出山移封時には三〇以上の支城が領内に維持されたと推定される。仙台藩政下でもその状況は基本的に維持された。従前の研究では、仙台藩領に「要害」と称する事実上の城が多数残ることを特殊事例とみなすことが多かったが、近年の研究では、いわゆる「元和の一国一城令」は西国に適用されたものであり、奥羽ではその遵守は強制されるものではなかったことが明らかになっている。仙台藩領に隣接する最上氏の領国では、元和八（一六二二）年の改易時に約二〇の支城が存在しており、他の奥羽諸藩も、一〇万石以上の石高を有する場合、軒並み藩主の居城の他に複数の城を保持していた。したがって、仙台藩が仙台城の他に白石城の保有を幕府から認められたのはそれほど特別なことではなかったのである。

政宗期に維持された支城は、藩領の南端や北端に比較的多く配されるという傾向はみられるが、藩内の要所に散在して配されるのが基本であった。支城を任されたのは、おおむね五千石以上の高禄の重臣や政宗の子息らであった。中には複数の支城を有する重臣がいる一方で、二千石クラスの藩士が城主となる例もあった。前者の例としては、亘理伊達家の亘理城（宮城県亘理町）と谷地小屋城（福島県新地町）、石川家の角田城（宮城県角田市）と湯原城（宮城県七ヶ宿町）があり、亘理伊達家・石川家ともに当時は家禄が一万石台半ばであった。

こうした多数の支城も、江戸時代が進むにつれて制度上の再検討を求められることになる。四代藩主綱村の時に幕府は仙台藩に支城を整理することを求め、結果として仙台藩は約二〇の支城を残し、「要害屋敷」として城に準じる扱いとすることで幕府との妥協が成立した。仙台藩の要害制が政宗期から行われていると説明されることがあるが、これは完全に誤りである。

まとめに代えて

伊達政宗の施策として最も関心を持たれているのは、家臣の支倉六右衛門らをヨーロッパへ派遣した慶長遣欧使節であろう。この使節については、数多くの研究があり、展覧会の開催や関連出版物も多いので、ここではその内容を紹介することは割愛し、領国整備との関連にのみ言及して、本稿のまとめに代えたい。

慶長遣欧使節の派遣目的については、海外との通商、鉱山などを主とした海外からの技術導入などのほか、スペインと同盟を結んであるいはバチカンの後ろ盾を得、幕府打倒を目指そうとしたとの説、そして近年は使節派遣二年前に発生した地震・津波からの復興を目的とした政策との説も提起されている。

このうち海外との同盟や幕府打倒説であるが、遣欧使節一行がヨーロッパで行った交渉のなかでそれをうかがわせるような発言があったことは、幾つかの史料から確認されている。ただ、それを鵜呑みにしてよいのであろうか？　当時の日本は長い戦乱の時代を経て、鉄砲を始めとする数多くの武器を有する世界最大の軍事国家となっていた。幕府と対抗し、天下を左右する軍事行動を起こすには関ヶ原合戦や大坂の陣を見ても一〇万人規模の兵力が必要である。仮にスペインと同盟を組んだとして、果たしてどの程度の兵力が期待できるのであろうか。一万人の兵を運ぶにしても数十隻の船が必要であり、当時としてはとても実現可能なことではなかっただろう。さらに、関ヶ原合戦の結果が政宗の許に報じられるのに約半月かかるような現在とは比べ物にならないくらい通信に時間がかかる時代、外国と同盟しても有効な軍事活動が可能であったとはとても考えられない。また、バチカンの後ろ盾を得て日本国内のキリシタンの盟主たらんとしたと言っても、それが各地にどのように伝えられ、キリシタンをどう指揮するというのだろうか。このような陰謀めいた話は、人の興味関心をひきやすいが、当時の社会情勢や技術を考えれば、荒唐無稽というほかない。軍事同盟を希望するという使節の発言は、あくまでも外交上の戦術として、自己に有利な条件を引き出すための交渉術と考えるべきだ。

震災復興政策説も同様である。慶長一六（一六一一）年の地震と津波では、仙台藩領では一七八三人の死者があり、三陸沿岸では壊滅的な被害があったとする記録もある。しかし、現在のような高度に分業化が進んだ社会と違い、自給自足的な経済活動が多くを占めていた時代、津波被害が仙台藩領にどの程度の中長期的な経済的・社会的な影響をもたらしたのかは、慎重に判断することが必要である。海外との通商が経済的な復興につながると言っても、その通商が軌道に乗るまでに長期間を有することは容易に想像されるうえ、実際に通商が始まってもどれほどの商品がこの地に運ばれてきて、それを受容するだけの経済力が果たして奥州の地に十分に展開していたのかも疑問である。震災復興政策説は現在と四〇〇年前の社会状況をごっちゃにした、お粗末な推論でしかない。

また、復興説の根拠として、使節船の建造に大工八百人、鍛冶七百人、人夫三千人が投入されたので、それだけの人数を支えるための経済効果が見込まれた、とするものもある。しかし、この数は信頼できる数なのであろうか？　江戸時代中期の仙台藩が抱えていた各種職人が二百人前後であったとの記録からして、人夫はともかくも、大工八百人、鍛冶七百人、という数はとても実数を示すものとは考えにくい。この数は、ヨーロッパにおいて使節一行の動静を記録したシピオーネ・アマティ『伊達政宗遣使録』によるものだが、使節の意義を大きく見せるために過大に膨らませた数値と考えるべきであろう。

このように、慶長遣欧使節＝震災復興政策説も当時の社会状況、経済状況を冷静に見る限りでは、やはり成立しがたいと見るのが妥当である。

では、通商や技術導入を目的としたという説はどうであるかというと、その判定も難しい。使節一行に技術導入を目的とした人材が含まれていたことを明確に示す史料も残されてはいない。その意味で、この使節は海外との通交を結ぶことがまずは最大の目的であって、通商や技術導入などは二義的な果実として考えられていたのではないだろうか。

慶長遣欧使節も含め、伊達政宗の施策については、その意図や成果が過大に評価されることが少なくない。政宗が何を行おうとし、どの程度が政宗の時代に成し遂げられたのか、史料の冷静な読み込みと評価を進めることこそ、伊達政宗の業績を正しく後世に伝えることになるのではないだろうか。

【初出】仙台市博物館が平成二九（二〇一七）年に開催した「特別展　伊達政宗　生誕４５０年記念」の図録に掲載された同タイトルの筆者の記名原稿を、幾つかの事項を書き加え、また細部の見直しを行い、図版を加えるなどの加筆修正をした。戦国武将との評価が高い伊達政宗の為政者の面を強調した点が、比較的新しい視点ではないかと思う。

二　今に生きる政宗の街づくり

はじめに

仙台の市街地は、言うまでもなく伊達政宗が作った仙台城下が起源となっている。江戸時代、日本でも有数の城下町に発展した仙台であるが、一見すると、現在の街並みに城下町の面影を感じることはほとんどできない。かつて街の中をくまなく流れていた四ツ谷用水の流れも、広大な武家屋敷も全く失われた。武家屋敷に植えられた多くの木々に由来する「杜の都」の風景も、多くの商人が軒を連ねた町屋もあらかた姿を消した。しかし、実は街のここかしこに城下町の痕跡が残り、そこには政宗の街づくりに込めた思いが、今でも息づいているのである。

なぜ政宗は仙台を選んだか

伊達政宗が仙台に新たな居城を築くことを決めたのは慶長五（一六〇〇）年。関ヶ原の戦いが終わって間もなくのことである。

それまで居城としていた岩出山（宮城県大崎市）は政宗自身が選んだ地ではなく、豊臣政権から指定された場所であった。豊臣秀吉が没し、関ヶ原の戦いで徳川家康が勝利して政治の潮流が変わるなかで、政宗は豊臣政権の束縛から脱して、自らの意思で仙台を選んだのである。

では、なぜ政宗は仙台の地を選んだのであろうか。古くから、政宗は仙台の地ではなく、石巻に居城を築きたかったという話がある。その話は詳しくは以下のようなものである。諸大名が築城を申請すると、徳川家康は第一希望地を却下して第二希望で許可することが多かった。それを知っていた伊達政宗は一計を案じ、本命の石巻を第二希望にし、仙台の青葉山を第一希望にして申請したが、なぜか家康はこの時ばかり第一希望で許可を出したというのである。しかし、そうした話を裏付ける証拠は全く残されていないし、関ヶ原の戦い直後、徳川家康は大名居城に関する許認可の権限など有していなかった。この話は後世に創作されたものと断言してよいだろう。

江戸時代、石巻は仙台藩領最大の港として栄えるが、それは政宗・忠宗期の整備によるもので、当時はそれほど大きな港ではなかった。北上川水系を介しての水運も考慮すると将来性はあったが、陸上交通の面では著しく東に偏しており決して利便性が良いとは言えない場所であった。

一方で、仙台平野は、南方から内陸沿い、そして海岸沿いに来た道が集まり、また北方へ向かう道が内陸の道と海沿いの道へと分離する陸上交通の中枢であった。東北地方太平洋側の海

	内陸の幹線ルート	海沿いの幹線ルート	
		（北）	（南）
古代・中世	東山道	——	東海道
江戸時代	奥州街道	石巻街道	浜街道
近代現代	国道４号 東北本線	国道45号 仙石線	国道６号 常磐線

東北地方太平洋側の主要交通路の変遷

沿いの地形を見ると、宮城県北以北には北上山地、宮城県南以南には阿武隈山地が南北に延びている。したがって、東北地方を南北に縦断する幹線道路は、昔も今も内陸沿いのルートと海沿いのルートが並行するが、仙台近辺は海沿いに山地がなく、海が陸側に入りこんでいるため、内陸をたどったルートと海沿いのルートは仙台で必ず交差するのである。

　また奥羽山脈を越えて西に向かう道は、北西へ向かう関山峠越え（国道48号）、西へ向かう二口《ふたくち》峠越え、南西へ向かう笹谷峠越え（国道286号）と三つもある。さらに閖上や塩竈の港湾も古くから機能しており、水運との結節も十分な地理的環境にあった。交通の要衝ということでは、仙台平野は石巻よりも数段上の好条件を有していた。

　さらに加えれば、北上川河口に位置する石巻は、大きな城下町を建設するには河川改修や排水、低湿地の埋め立てなど基盤整備に大きな労力を要したが、仙台は広瀬川が削り出した河岸段丘上に展開する広大な平坦地があり、大都市を建設する好適地であった。新しい領国の拠点を、政宗自身が選択する際、仙台平野の一角にその場所を求めるのは、必然的であった。

政宗時代の仙台城

伊達政宗が新たな居城・仙台城を築いたのは、広瀬川や竜の口渓谷に守られた標高一一〇メートル以上の山上であった。

仙台城について、ある人は「天下への野望を秘めた城」と言うし、一方では「徳川幕府への遠慮」があった城と言われることもある。また、城郭が戦国時代に主流であった山城から平地に築かれるのが主流になった時代に山上に城を築いたことを「時代遅れの考え」と評されることもある。はたしてこの城は、政宗のどのような意識の下に築かれたのであろうか？

まず「山城は時代遅れ」という評価であるが、これは全く的を射ていない。仙台城築城前後、大名が山上に居城を築くことは普通に行われていた。彦根城・和歌山城・高知城等々、その例は枚挙にいとまがない。政宗が山城を築いたことに特殊な理由を見つけることはできない。

次に「天下への野望」であるが、これも的外れと断言できる。政宗が築いた仙台城は、山上の本丸と山麓の居館（後の三の丸）だけであり、大大名にしては意外にも小規模な城である。

例えば、櫓は最多時でも三階櫓四棟、二階櫓二棟、平屋の櫓一棟の計七棟しかない。ちょっとした大名の居城でも二〇〜三〇の櫓を建てるのは普通で、広島城や熊本城などに至っては一〇〇前後の櫓が築かれている。仙台城は峻険な地に築かれてはいるが、想定されているのは隣国の大名が一、二万人程度で攻め寄せる戦闘であり、一〇万人規模の合戦となるだろう天下争奪戦の舞台とは全く意識されていない。

そして「徳川幕府への遠慮」。これは仙台城に天守が無いことから言われている解釈であるが、これも当時の城郭を正しく理解していない、後世に創作された俗説である。江戸時代、「一国一城令」以後、全国には三〇〇弱の城郭が存続したが、そのうちで天守を有した城は四分の一程度しかない。しかも、前田氏（一〇二万石）の金沢城、島津氏（七二万石）の鹿児島城、最上氏（五七万石）の山形城、黒田氏（五二万石）の福岡城、上杉氏の米沢城（三〇万石）など有力大名が天守を建設しなかった例は意外に多い。実は天守を熱心に築くのは、豊臣秀吉や徳川氏などの天下人、そして成り上がって一〇万石〜三〇万石くらいの大名になった者たちである。

日本の戦いの歴史を見ると、天守が籠城戦で有効に機能した例はほとんどない。天守をいかに立派に、守りを厳重に造っても、外郭線を突破された城は、ほぼ例外なく落城している。わかりやすく言えば、天守は戦いに関しては、あってもなくても戦況にはほとんど影響を有しない施設だった。天守の役割は戦いの要塞ではなく、城主の権力を目に見えるものにすることにあった。天下人、そして権力基盤が弱い成り上がりの大名が天守の建設に熱心だった理由がそこにある。一方で、真に実力を持つ有力大名は、実用的な意味を持たない天守を、多大な経費をもって建設する必要性を認めなかったのだろう。

「幕府への遠慮」という考えは、大坂の陣以後、幕府権力が絶対的になる中では意識されることもあったが、関ヶ原の戦い直後にはそうした意識を持つ者はおそらくなかった。その好例が、関ヶ原の戦いで敗者となり、領土を四分の一に削減された毛利氏が築いた萩城。最も徳川氏に遠慮しなければならない毛利氏は、五層の立派な天守を築いていた。

政宗が仙台城に天守を築かなかったのは、実用の役に立たないものを造る必要性を認めなかっただけで、「幕府への遠慮」といった認識は全くなかったと断言してよいだろう。

仙台城の特徴

山上に築かれたこと、天守が建てられなかったこと以上に、仙台城の個性を語る上で重要なことに、御殿が立派だった点がある。御殿は、藩の儀式の場、政治の場であると共に、藩主の生活空間を兼ねている。江戸時代の城で天守がない城は数多いが、御殿がない城は僅かである。江戸時代においては、御殿の在り方にこそ、その城の本質が見えると言って過言ではない。

多くの城では、築城当初本丸に御殿を造るものの、幕藩体制が進展し、各藩の行政機能が拡大するなかで、またたく間に狭隘になってしまう。多くは三の丸などに御殿を移し、場合によっては城外に機能を分散させることもある。その点で仙台城本丸は、全国でも最大級の面積を有する本丸を山上に造成し、壮大な御殿を政宗は造り上げた。時代を先読みした政宗の政治感覚をそこに見ることができる。

政宗が仙台城本丸に創出した御殿の中枢施設が大広間である。二六〇畳以上に及ぶこの御殿建築は、全国でもトップクラスの規模を誇った。この大広間は、室町将軍家が採用した伝統的な建築様式で建てられている。一方で、その内外の装飾は、華麗な桃山様式が採用された。政宗は、オールドスタイルの御殿を、最新のモードという衣装を着せて建てたのだ。ともすれば、斬新さ、奇抜さを好んだとされる政宗であるが、実は彼は幼少時からさまざまな文化的素養を身に付けてきた、当代一流の文化人であった。政宗の真骨頂は、伝統性と革新性の両方を兼ね備えたことにあると言ってもよい。仙台城本丸の御殿は、まさに政宗が伝統ある武家の名門として、同時に当代きっての大大名としての矜持《きょうじ》をもって築きあげたのである。

天嶮の要害の地に築かれた仙台城は、一見すると猛々しい顔を見せるが、よくよくその本質を探ると、軍事要塞としての機能は限定的であり、壮大な御殿が最重要施設であった。「狼の皮をかぶった羊」というのが政宗が築いた仙台城の本質であった。

仙台城下の平面プラン

仙台城の素顔が見えてきたところで、次に城と共に政宗が造り上げた城下町を再検証したい。城下町の一般的な形状は同心円構造と言われる。城を中心に、周囲に重臣屋敷、その外側に中級家臣の屋敷を配し、足軽などの下級家臣や町人の屋敷を外縁部に配するというものだ。

しかし、仙台の場合は、城が山際に設けられたため、必然的に同心円構造をとることができない。城の近くの川内や片平丁に重臣の屋敷が配され、その外側の東一番丁から東六番丁、北一番丁からから北六番丁などに中級家臣の武家屋敷街があり、城下の外縁部の堤町や二十人町・鉄砲町・三百人町などの足軽居住空間が設けられている。この様子は、同心円構造の中心から扇状に一部を切り取った構造と見ることができる。

だが、政宗が造った当初の城下町の構造は、どうも単純な同心円的とは言えない様子が見られる。仙台城周囲の重臣屋敷はともかく、その外側は中級家臣の屋敷ではなく、実は町人たちの居住空間が設けられていたのである。現在の西公園付近は「元柳町《もとやなぎまち》」といい、城下町建設当時は、政宗と共に米沢から移ってきた町人町の柳町があった場所である。また、仙台高等裁判所の東側はかつて「本荒町《もとあらまち》」という町名であったが、ここも町人町の一つである荒町が江戸時代初期に配置された場所であった（後に荒町は現在の場所に移転）。「東●番丁」「北●番丁」

幕末期の仙台城下を描いた鳥瞰図（仙台市博物館所蔵）

といった中級家臣の屋敷よりも城に近い場所に配されたこうした町人町の中核をなしていたのは、「御譜代《ごふだい》町《まち》」と称された、米沢城下から岩出山、そして仙台へと政宗とともに移ってきた町人たちの町であった。

その結果、町人たちが住む町屋敷は、仙台城下が展開する河岸段丘の上の平坦地のちょうど中心部に配されたことになる。その場所は、繰り返しになるが、中級家臣たちの屋敷よりも仙台城に近く、また地盤的にも堅固で安定した好条件な場所であった。この配置は、政宗が考えた仙台の城下町作りのコンセプトの重要な柱の一つが、商工業の重視にあったことを示している。

広大な武家屋敷

仙台城下のもう一つの特徴として、武家屋敷の面積が広大であった点を挙げることができる。江戸時代半ばに仙台藩が定めた基準は、五〇〇石クラスの藩士で九〇〇坪、一〇〇石クラスで三五〇坪であり、家臣としては最下級になる足軽でも一七五坪の屋敷が標準であった。他地域では足軽は長屋住まいが一般的で、稀に屋敷を与えられる場合もあるが、せいぜい五〇坪（金沢藩や彦根藩など）から広くても七〇坪（萩藩など）程度であった。仙台藩ではその倍以上、現在の一般的な住宅団地で言えば三軒分の敷地が最下級の家臣に与えられたのである。

なぜ、家臣たちにこれだけ広大な屋敷を与えられたのかというと、それは政宗がこの仙台の地を選んだからに他ならない。テレビ番組「ブラタモリ」で取り上げられて一般にも知られるようになったが、広瀬川が長い時間をかけて削り出した「河岸段丘」という広々とした平坦な地形を政宗は見いだし、そこに城下町を建設した。その政宗の着眼点の鋭さにより、仙台城下は全国でも十指に入る大城下町に成長しながらも、都市領域を広々

現在の五橋交差点付近にあった仙台藩中級家臣の屋敷を明治時代後期に描いた油絵（瑞鳳寺所蔵）

と確保することができたのである。

仙台藩の家臣の多くは、仙台城下の中だけでなく、所領を与えられた村にも屋敷（在郷屋敷）を持ち、自らの親族の一部や家来の多くを在郷屋敷やその周辺に住まわせた。したがって、仙台城下の屋敷に住まう人数はそれほど多くなく、建物も少なくて済んだ。家臣たちは、この広い屋敷に樹木を植え、屋敷内には畑や果樹園を営み、日々の暮らしに役立てた。一〇〇年、二〇〇年と歳月を経るなかで、屋敷に植えられた樹木は適度に活用・更新されながら成長した。

近代に至って仙台は「杜の都」という称号をもつようになるが、それは江戸時代以来連綿と育成され、利用されてきた武家屋敷街の樹木に由来したものであった。たしかに、戦前の仙台の写真を見ると、今では想像もつかないような緑濃い街並みの姿を見ることができる。仙台という都市の個性を代表する「杜の都」は、政宗が河岸段丘の地を選び、

青葉区上杉にある簡易保険センター付近を撮影した昭和10年頃の写真。現在では想像もできないほど多くの木々に覆われている（筆者蔵）

城下町を建設した偉大な遺産だったのである。

弱い軍事的色彩

城下町では、行き止まりの道や鈎形に曲がった道、あるいは迷路のような場所が方々にあり、それは攻め込んだ敵の勢いをそぎ、守りやすくする工夫とされる。また城下の外縁部の要所には寺院をまとめて配した寺町を置き、それは有事の際に防御陣地や砦としての役割を持たせたものとも言われる。

仙台城下でも、江戸時代の絵図などを見ると、行き止まりの道や鈎形に曲がった道は幾つか存在する。ただ、感覚的な印象ではあるが、他の城下町に比べて、そのような複雑な街路は少ないように思われる。

そうした印象は、実際に仙台城下に住んだ人々も抱いていたようだ。幕末近い時期に描かれた仙台城下の鳥瞰図も、多くの街路を碁盤の目状に描いている。たしかに、一部には方向が乱れる道もあるが、その大部分は地形的な影響であって（例えば、もともとは小高い丘陵であった現在の錦町公園付近など）、仙台城下の住人の多くは、「仙台は碁盤の目が基調となった町」と認識して生活していたに違いない。

城下町防衛の重要なパーツとされる寺町も、仙台では軍事的な意味はあまり感じられない。仙台城下で外敵が侵攻する危険性が最も高いのは南方である。しかし、政宗が仙台城下で最初に作った寺町は、その反対方向の北山であった。仙台藩の北に位置するのは一〇万石の盛岡藩、五万石の弘前藩、二〇万石の秋田藩であり、こうした藩が攻め寄せて、仙台城下の北から侵入してくる危険性は皆無である。では、なぜ政宗は北山に寺町を置いたのだろうか。政宗の意識に京都の北山があったと見ることはできないだろうか。京都の北山には、室町将軍家にゆかりが深い禅宗寺院が配置された。伝統ある武家の名門である伊達氏の当主である政宗は、室町武家文化に対する深い理解と憧れを有していた。仙台城下の北山に政宗が置いた寺院も、伊達家とゆかりが深い禅宗寺院（臨済宗の東昌寺・満勝寺・光明寺・資福寺・覚範寺、曹洞宗の輪王寺）である。碁盤の目を基調とした街路と合わせ見ると、政宗は仙台の地に京都を意識した「北の都」を作り上げたように思えてならない。

かわって目を南に転じると、軍事的に配慮を必要とする度合いの高い城下南部には、若林区荒町や南鍛冶町近辺に幾つもの寺院があるが、しかしこれらは、政宗の晩年に仙台城下を東南方向に拡大した際に置かれたもの。南から攻め込まれる危険性が最も高かった仙台城下建設当初には、存在しなかったパーツである。

仙台城下最大の寺町である新寺小路は、現在は多賀城・塩竈と結ぶ産業道路に通じるため、城下東端に位置する交通の要衝と思われがちであるが、これは戦後の道路整備の結果である。新寺小路に並ぶ寺院の由緒を調べると、その多くは、元々は仙台城下の内部で建立され、政宗の晩年以降に現在地に移転したという経緯を見ることができる。城下町建設当初は街の中に寺院が置かれたが、城下町が発展するにしたがって、広い境内や墓地を必要とする寺院の存在が障害になるとして、政策的に城下の周縁部へ移転させたというのが真相のようである。

このように、街路の状況や寺町の由来を見ても、仙台城下は戦闘に対する意識が薄い構造であることが明らかである。それを明確に示すのが、総構《そうがまえ》である。

戦国時代の終わりから江戸時代にかけて、大きな城郭では周囲の武家屋敷などを堀や土塁で囲み、敵が来襲した際にはそこを防御線とする総構を設けるのが一般化した。もっとも有名なのは、大坂冬の陣で総構の有用性を全国に知らしめた大坂城で、また最大のものは神田川などを外郭線として総構に組み込んだ江戸城である。もちろん東北地方でも、会津若松城や米沢城などで総構が設けられている。江戸時代の中規模以上の大名の居城とその城下のほとんどには総構が構築されていたのである。

しかし、仙台城下に政宗は総構を設けなかった。軍事的な意味合いの弱い寺町の設置や、分かりやすい碁盤の目の街路も含めれば、政宗は仙台城下を軍事都市として構想したのではないことが明らかである。

水路の整備

都市が機能するには水が必要である。飲料水などの生活用水や防火用水。さまざまな物資の生産にも水が不可欠である。仙台城下は河岸段丘上に展開しているため、水の各日には十分に留意する必要があった。城下の北辺に広がる北山丘陵や段丘上に点在する低地から水を得ることはできても、それで数万人に及ぶ水を確保するには十分ではなかったと推定される。

そこで開削されたのが四ツ谷用水である。広瀬川の上流、四ツ谷と称される付近から取水し、城下の北部を東西に貫流する本流を設け、そこから網の目のように支流を分岐させた。四ツ谷用水は、寛永四（一六二七）年から六年にかけて宇津志《うつし》惣兵衛によって整備されたという記録

若林区役所裏を流れる七郷堀。農産品の改良普及を図るため、明治時代に伊達家が創設した「養種園」の跡地（写真：菊地淳智）

があるが、これは基幹部分の本格的整備であったと思われる。四ツ谷用水の水路の多くは、城下の街路に沿って流れており、町割を行った段階で、ある程度の水路整備が先行実施されたことは十分に考えられるし、宇津志による整備後も拡張・整備が続いたことは言うまでもない。

仙台城下には、このほかにも幾つかの水路が整備された。なかでも注目されるのは七郷堀と六郷堀である。広瀬川から取水され、城下東南部を流れた後、城下東郊の灌漑用水となるこの二つの水路も、政宗治世下で整備されたものと推測される。ただし、七郷堀は緩く弧を描く流路の様子から、自然の小河川を整備したものと思われる一方、六郷堀は直線状に流れ、所々で直角に屈曲しており、人工的に開削された水路であることが明らかである。おそらくこの二つの流路形状の違いは、整備された時期の前後によるのだろう。七郷堀が先行して整備され、政宗の晩年の居所である若林城が築城された際に、若林城下の基幹水路として六郷堀が新たに開削された、という経緯が推測される。この二つの水路は、水運にも用いられたようで、もしも政宗がもう少し長命で、若林城下の発展がさらに進んだら、現在の仙台市若林区一帯には、江戸や大坂のように水路がくまなく整備され、舟による物資や人の移動が盛んに行われる、そうした光景が現出したかもしれない。

近代都市に通用する都市計画

このように意図して作られた仙台城下は、その後、若林城造営に伴う南東部への拡張、二代藩主忠宗の時代の東照宮造営に連動した北東部への拡大を経て、最盛期で推定人口六万人に達する全国屈指の城下町に発展した。

明治時代に入っても、人口規模ではほぼ常に全国ベストテンの地位を維持し続けた仙台は、近代都市として次第に様相を変えていく。しかし、政宗がその基本形を作った街路は大きな変更を加えられることなく生き続けた。

近代以降で大きな街路の変化というと、大正末から昭和初期にかけての市電建設時に、一部に「電車通《でんしゃどおり》」が作られた程度である。

第二次世界大戦末期の空襲で甚大な被害を受けた仙台は、戦後の戦災復興で町を根本的に作りかえることもできた。しかし、青葉通と裁判所前から南東に延びる道が新設されたくらいで、基本的には政宗が作った街路を拡幅して十分に、新しい時代に対応できた。城下町での戦闘を意識せず、都市の使い勝手を重視した政宗の都市計画は、近代都市にも十分に通用する先進的なものだったのである。

おわりに

伊達政宗は、さまざまなエピソードに彩られ、「最後の戦国武将」として評価されることが多い。しかし、実は政宗が戦陣にたった時期は一〇代半ばから関ヶ原の戦いがあった三〇代半ばまでの二〇年弱。仙台に城を築いた以降で、政宗が黒い具足に身を固めて戦場に赴いたのは大坂冬の陣・夏の陣のみで、三〇年以上の後半生を政宗は政治家・経営者・文化人として過ごしたのだ。その意味で政宗の真の評価は「最後の戦国武将」ではなく、「仙台藩の創設者・経営者」として見るべきであり、仙台城と仙台城下は、政宗の思想が詰まった彼の「作品」なのである。

詳しい説明は省略するが、政宗が天下を狙ったというのは根拠のない憶測にすぎない。仙台城の規模や構造、城下町の特徴を見る限り、政宗の構想に大規模な戦闘は意識されておらず、最も重視されたのは豊かな国づくりという理念であった。

実は政宗はその理念を公表していたのである。仙台城と城下を結ぶ仙台橋に取り付けられた擬宝珠に政宗は自分の師である虎哉《こさい》禅師作の漢詩を刻ませた。

仙人橋下　河水千年　民安国泰　孰与堯天

津梁大哉　直昇仙臺　虚空背上　車馬往来

意訳すれば、「仙人の住む場所、そこは永遠（＝千年）に川が流れ、古代中国の聖王が築いた楽土に劣らない、人々が安んじて暮らす、豊かな国である。（広瀬川に）大きな湊や橋が設けられた仙台の地を空から眺めれば、荷物を積んだ車や馬が数多く往来する繁栄ぶりである」といったところであろうか。人々の豊かな暮らしを願い、仙台城下で最も重要な橋に刻まれたこの詩は、誰もが自由に見ることができる、政宗の施政方針演説なのである。
政宗は、仙台城と城下の築城に際して、同じ内容の次のような和歌も詠んでいる。

入そめて　国ゆたかなる　みきりとや
　千代とかきらし　せんたいのまつ

政宗は晩年、仙台城下東郊に若林城を築いて日常の居所とし、その周囲に城下町を作り上げた。若林城の築城目的については、仙台城下東南の防衛を意図したという説もあるが、若林城は数千人規模の小規模な戦闘には対応できるかもしれないが、大軍の攻撃に耐えられる軍事要塞ではない。当時、仙台藩と幕府の関係は良好であり、若林城の築城意図を軍事的なものとするのは「政宗の野望」に引きずられた俗説に過ぎない。若林城築城は、城下拡張の拠点とすることを意図した、都市計画的な意図と考える方が適切である。

政宗が構築した仙台城下は、典型的な城下町スタイルでなかった故に、仙台が近代都市として成長する際にも大きな改変を必要とせず、基本的には仙台城下時代の街路を拡幅することで対応できた。戦争の災禍を受け、高度成長のなかで生まれ変わった仙台には、城下町時代の面影を伝える建物はごくごく僅かしか残っていない。「杜の都」の原風景であった武家屋敷街の樹木もほとんどが失われてしまった。しかし、我々が日々生活し、行き来している街路の多くは、実は政宗が構想したものが姿を変えて今に続いているものである。そうした思いで仙台の街を歩き、見直すと、アスファルトの下に埋もれていた数百年の歳月にわたって堆積し続ける人々の暮らし、そして政宗の国づくり、街づくりの思いが見えてくる。もう政宗を野望にまみれた謀略家と見るのは終わりにしてよいのではないだろうか。

【初出】平成三一（二〇一九）年三月に仙台歯科医師会で同タイトルの講演を行い、同会発行『仙歯会報』No.392（令和元年六月）に講演概要が掲載されたものを加筆修正および掲載図版を一部変更して収録した。歯科医の研修会にどれほどの参加者があるか懸念していたが、予想以上に多くの参加者があり、しかも熱心に聴講いただき、この分野への関心が高いことを再認識した機会だった。

三　仙台城築城期の様相をめぐって

大橋・大手門・大広間をめぐる諸問題

プロローグ

K　渡辺信夫先生が急逝されて（平成一三年＝二〇〇一年一月一五日逝去）もう一年以上になるんだなー。

M　先生がお亡くなりになる直前は、仙台城の艮櫓《うしとら》問題に歴史学会を代表するような立場で取り組んでおられたけど、ようやく計画が撤回されて本当に良かった。

K　確かに、お亡くなりになる一、二年前からは仙台城のことをいつも気になさっていたからね。

M　そう。艮櫓問題や『仙台市史』の執筆が契機になったのか、仙台城の問題については、いくつか重要な見解を示していたよね。

K　『仙台市史』の先生の原稿については、本当は先生にいろいろと聞いてみたいことが沢山あったんだけど、今日は少しその話に付き合わないか。

大手門の建造時期をめぐって

K　仙台城本丸の石垣解体と発掘調査で、伊達政宗が築城した当初の本丸のプランが、我々が目にできる今のものと随分違うことが分かったのはかなりの衝撃だったと思わないか？

M　その問題とからんで、渡辺先生を始めとして多くの人が課題にしたのが、仙台城の大手門の問題だね。昭和二〇（一九四五）年の仙台空襲で焼失してしまった大手門がいつ造られたかについては、築城当初からという説と寛永年間に二の丸が造営された時とする説などがあって、未だに決着していない。

K　確かにそうなんだけれど、重要なのは大手門の建造時期が仮に二の丸建設時だとした場合、築城当初の大手口がどこになるのかで、いろんな人がいろいろ言っているけれど、公的にはっきりと言ったのは渡辺先生だったんじゃないかな。

平成一二（二〇〇〇）年七月九日に開催された仙台郷

仙台城大手門の着色絵葉書（大正〜昭和初期　筆者蔵）

土研究会主催のシンポジウム「仙台開府四百年を迎えて」の基調講演を渡辺先生が担当されて、そのなかで清水門から登る道が築城当初の大手筋とはっきり言明していたように記憶しているけれど。

M　『仙台市史』で先生が執筆された仙台城の所で、そのことはもっと詳しく書いてあるね。

K　ただ、注意して欲しいんだけど、『市史』のなかで渡辺先生も「大手門＝二の丸建設時造営説」を断言しているわけではなく、その可能性が高く、仮にそうであるならば、と論理を展開して清水門に言及しているんだ。で、渡辺先生がご健在だったら『市史』に書かれた先生のお原稿でいろいろと聞いてみたいことがあったというのはこのことについてなんだ。

同じ『市史』の特論に仙台城の建築を扱った建築史研究者の論考があって、建築様式の点から大手門は慶長期に造営されたと考えられると述べられている。これは前々から建築史の方の人たちの意見だけれども、これに対する先生の意見を聞く機会がなかったんだ。

城郭に詳しい研究者の間では、築城期の仙台城の大手口は巽門から清水門を経由する道筋だったことはほぼ確実だと最近は考えられているようだし、僕自身もそう思う。

ただし、大手門の建築そのものについて言えば、建築史の研究者が主張していることも無下にはできないような気もしている。

M　素人的に考えても、慶長一五（一六一〇）年に落成した本丸大広間と同じように菊紋や桐紋を金具に使う大規模な重層門を、櫓すら建てなかった二の丸造営時に新築するんだろうかと疑問を感じるな。

K　それから、二の丸の南側に広がる中島池から三の丸北側の堀に向けて本来は沢になっていて、大手門から本丸へ向かうにはこの沢を埋めて土橋《どばし》にして道をつける必要があるけれど、「大手門＝二の丸建設時造営説」に立てばこの土橋も当然二の丸建設時に工事が行われたと考えるのが妥当と思う。でもその場合引っかかってくるのが、大手門から本丸へ向かう途中に設けられていた寅の門あるいは中の門と呼ばれる門のこと。

M　あの門は確か大正年間に壊されたけれど、江戸時代の絵図や明治期の古写真から、重層門だったことがはっきりしているよね。

K　そう。この門はその位置関係からすると、大手門建造と連動して建設さ

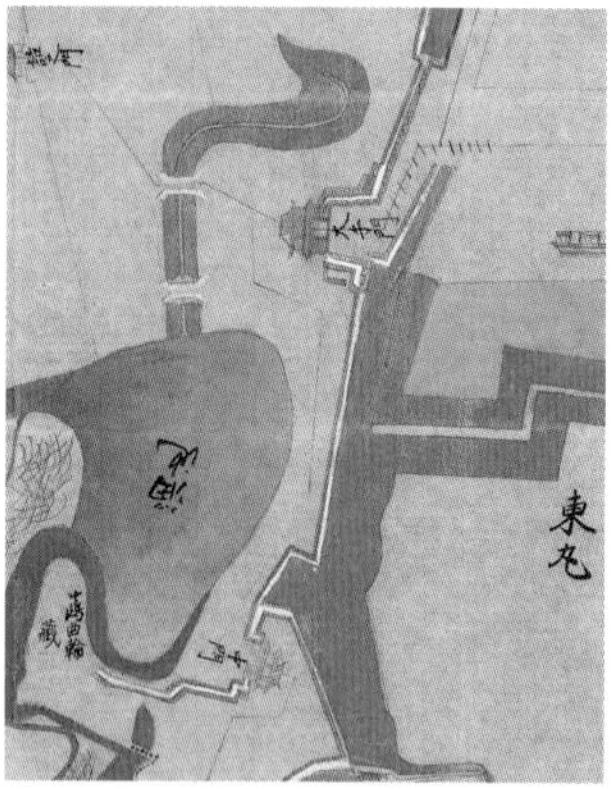

絵図に見る大手門、寅の門付近
大手門（図上）から寅の門（図下）に至るには、中島池と崖に挟まれた細い道を通り、寅の門の前で直角に折れなければならない（国立国会図書館所蔵）

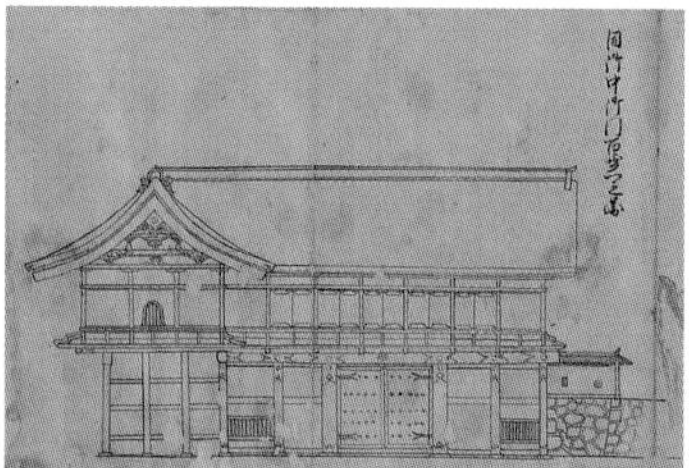

仙台城寅の門（本丸中門）の姿絵図（仙台市博物館所蔵）

れた可能性が高いと思うんだ。とすると、「大手門＝二の丸建設時造営説」に立てば寅の門も二の丸建設時の建物となるんだけど、その後の藩政の中心となる二の丸の正門である二の丸詰の門が平屋の門であるのに、役割をほぼ終えた本丸へ向かう道の途中に位置する門を重層にするんだろうかと疑問に感じるんだ。

まあ、そんなこんなでいろいろと考えて「大手門＝築城期造営説」でも「大手門＝二の丸建設時造営説」でもない第三の可能性はないだろうかとひねり出したものをこれから説明しよう。

本当は、渡辺先生に最初に聞いてもらいたかったんだけれど……。

仙台橋と大橋・花壇橋

K　まず、いきなり大手門の話ではなく、大橋の造営時期について話をしよう。

M　それだったら、慶長六（一六〇一）年一二月に落成したと『治家記録』にはっきりと記されているし、その時の橋の擬宝珠も残っているから何も問題ないのでは？

K　確かに、一見そのようにも思えるんだが……。『治家記録』の典拠を集めた『記録引証記』の該当部分を見ると、慶長六年一二月大橋竣工の典拠となっているのが、政宗の側近真山庄兵衛が書いたとされる『真山記《まやまき》』で次のように書かれている。

大橋成就ス、唐カネ擬法珠之銘
仙人橋下河水千年民安国泰孰与堯天
橋横五間竪五十間　大工与左衛門ト云

この「唐カネ擬法珠之銘」として記されている文章は、確かに現存する慶長六年の擬宝珠銘と一致するから、この『真山記』やそれをもとにした『治家記録』の記述は間違いないとも思えるんだが、実は現存する擬宝珠には「大橋」とは記されていなくて「仙台橋」と記されていることに注意する必要がないかと考えている。

M　でも、『真山記』はこれまでの考えでは比較的信用がおける史料と評価されているのでは？　それから、「大橋＝仙台橋」と考えても問題ないようにも思うけど。

K　『真山記』は真山庄兵衛が日々書き継いだ日記ではなく、後のある時点で庄兵衛がまとめあげた一種の編纂物であることも注意する必要があると思う。つまり、慶長六年に仙台城と城下を結ぶ橋が竣工したことは何らかの記録として庄兵衛の手元にあったが、じつはその橋は今の大橋ではなかったけれど、『真山記』編纂当時すでに仙台城と城下を結ぶメインの橋は大橋であるとの認識が強かった庄兵衛が仙台橋と大橋を混同した可能性は捨てきれないと思う。ついでに言っておけば、慶長六年一二月段階で真山は仙台にいない可能性が大きいんだ。真山は政宗の右筆《ゆうひつ》だったと言われており、政宗は慶長六年の九月から約二年間上方や江戸に滞在していて、右筆だった真山もそれに同行していた可能性は大きいと考えられる。

で、はっきり結論から言ってしまうと、僕は慶長六年に造られた橋はあくまで仙台橋で、大橋ではなく、大橋は慶長一四、五年ころに出来たのではないかと考えてるんだ。

M　えっ、それなら仙台橋というのはどうなるの？

K　その前に確認するけど、大橋が慶長一四、五年頃に出来た可能性を示す史料がある。それは慶長一四（一六〇九）年八月二四日付で出されている川島豊前の文書で、本吉郡荒戸浜（宮城県南三陸町）の滝沢不動の境内から杉の大木二五本を「仙臺大橋」の材木として切り出す代わりに、切った杉一本につき一〇本を藩で植えて、さらに一貫文分の知行地を寄進するという内容が書かれている。で、この史料が、大橋に関する一次史料としては最初のものであることも注意した方がいいと思う。

それから、滝沢不動のことを記した安永年間の『風土記御用書出』にも同じようなことが書いてあって、この二五本の杉のなかには「太郎坊」・「次郎坊」と呼ばれ、太さ（この場合は幹まわり）がそれぞれ一丈八尺余りと一丈三尺余りという巨木が含まれており、この「太郎坊」・「次郎坊」が運ぶ途中で閖上の海底に沈んでしまったが、政宗がこの「太郎坊」・「次郎坊」のことを夢で見て、滝沢不動への知行地寄進の黒印状を出したと書かれている。
じつは川島豊前の黒印状については、戦前の『仙台市史』ですでに紹介されているけれど、これまではこの史料がどのような事態を反映しているのか、きちんと評価されていない。
僕が思うに、『風土記御用書出』の説話は、おそらくこのとき伐採された杉が一種の御神木として地域の信仰を集めていたことが背景にあったのではないかな。つまり、藩あるいは政宗であっても、信仰を集めている大木を伐採するにはそれなりの理由付けと事後処置が必要であったのではないかな。で、それだけの対応を必要とする大木の伐採が、再建や単なる修復のために行われたと考えるのはつらいような気がする。

M つまり、仙台城と城下を結ぶ全く新しい橋を架ける、言い換えれば伊達政宗と領民とをつなぐ新しいきずなが作られるからこそ、こうした御神木の伐採が行われたと考えるんだね。

K その通り。まあ、この直前に広瀬川の洪水が起こって橋が流されて、その復旧という可能性もなくはないけど、記録には今のところいっさい出てこないから、無理にそう考えることもあるまい。

M で、話を戻して仙台橋は？

K 仙台城から広瀬川を挟んだ対岸の花壇と川内追廻を結ぶ、後年に花壇橋と呼ばれている橋が仙台橋だと考えているんだ。で、築城当初に仙台城と城下を結ぶ橋が川内追廻と花壇を結ぶ橋と仮定すると、話のつじつまが合うことが三つくらいあるように思う。

M　というと。

K　まず、一点目は広瀬川両岸の地形的な問題で、例えば今の大橋付近から上流は両岸のどちらかが結構高い崖になっていて、橋を造るのは容易ではなく、川岸の高低差が両岸とも低くて橋が一番架けやすそうなのが、花壇付近と川内追廻を結ぶ線に思えるんだ。

それから二点目が政宗が下屋敷的に使っていた花壇の屋敷のことで、仙台城本丸の発掘調査を担当していた仙台市教育委員会文化財

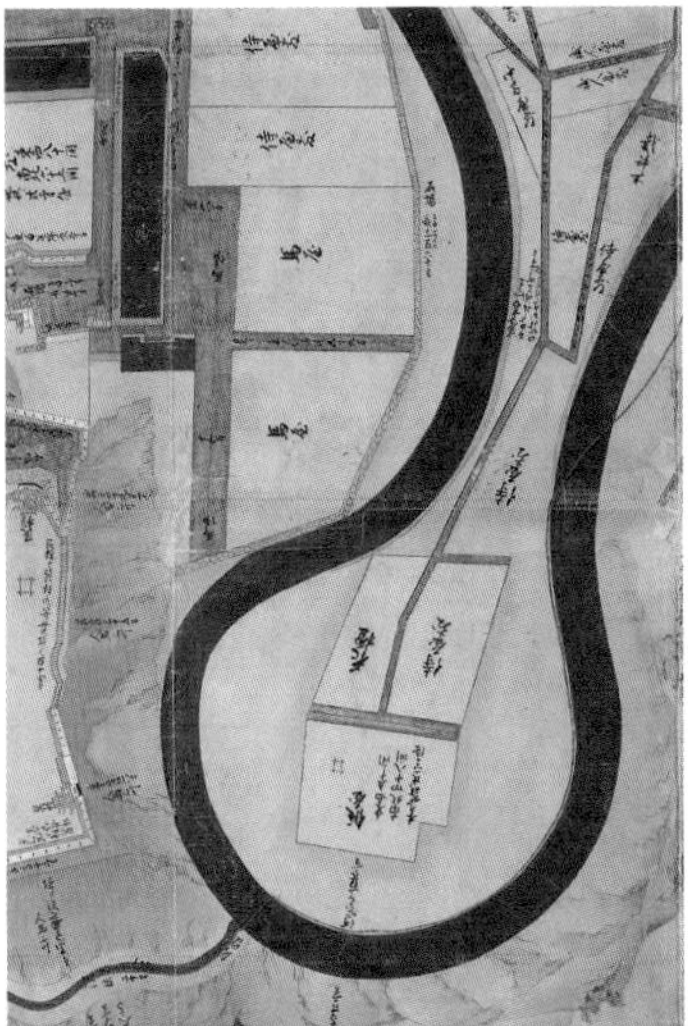
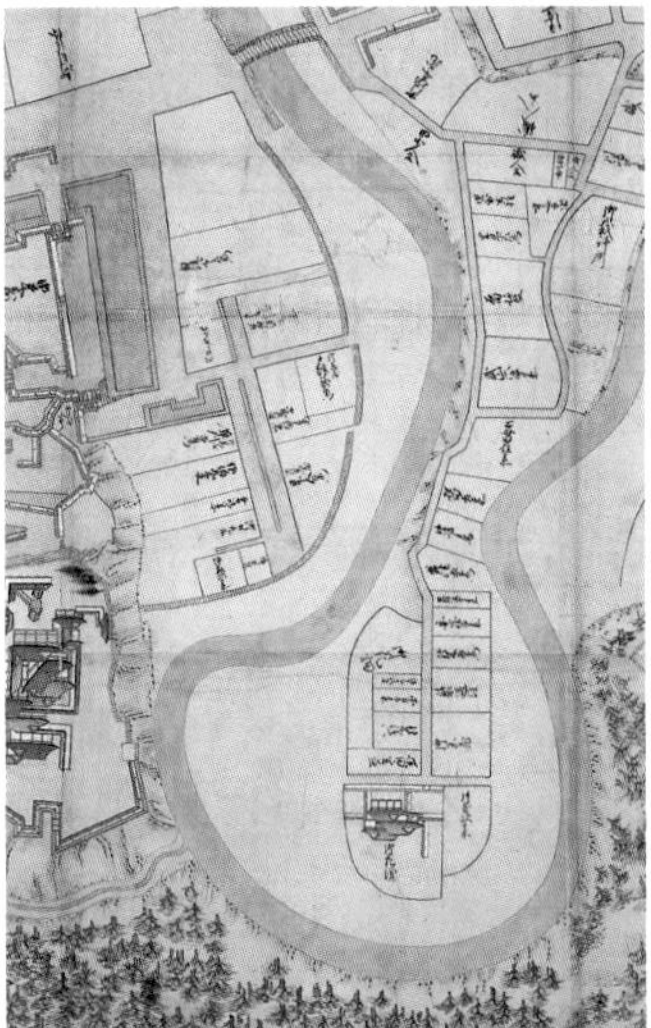

絵図に見る花壇、追廻付近
左／『奥州仙台城絵図』（仙台市博物館所蔵）
右／『仙台城下絵図』（宮城県図書館所蔵）

課の金森安孝さんによると、仙台藩では花壇屋敷を仙台城の一部と見ていた可能性が高いらしい。例えば、仙台城を描いたもっとも古い絵図である正保二（一六四五）年の『奥州仙台城絵図』では、仙台城の施設——例えば本丸や二の丸とそれに付随する蔵屋敷など——にはその敷地面積を示すために東西と南北の長さが記されているけれど、この絵図で「仮屋」と称されている花壇屋敷にも東西と南北の大きさが記されている。

それから、『奥州仙台城絵図』の次に古い寛文四（一六六四）年の『仙台城下絵図』では、仙台城と城下の主要な寺社に限って建築物が描かれているけれど、やはりそれに交じって花壇に建物が描かれている。

M つまり築城当時は、川内追廻と花壇に架けられた仙台橋で仙台城本体とその付属施設である花壇屋敷が一体的に結ばれていた、ということだね。

K 広瀬川を仙台城の外堀と見ると、花壇屋敷は外堀の外側に設けられた一種の出丸的な性格を兼ねていたのかもしれない。花壇の位置は、城下町が広がる台地よりは低くなっているけれど、城下と花壇との間は広瀬川の屈曲によって「琵琶首」と称されるような狭い地形となっていて、防御施設を設ければ、ここを突破するのはなかなか容易ではないし、仮に突破しても、橋を渡る前に花壇屋敷を根拠にした守備隊から反撃される可能性がある。

仙台城は上杉氏との戦いが継続している最中にその普請が始まったことを忘れてはならない、

と小林清治先生が指摘しているけれど、まさに的確な指摘で、その意味からいっても、工事量が少なく、かつ軍事的な仕掛けをいろいろと作りやすい花壇経由のルートが築城期における仙台城の入り口として相応しいと思える。

それから第三として、今は埋め立てられてなくなっている、東丸（三の丸）の南東にL字型に延びる堀――これは絵図で確認する限り江戸時代を通じて存在しているけど――これがかなり重要な意味を持っているように思うんだ。

M　どういうことかな？

K　例えば、築城当初の大手筋が巽門から清水門を通って本丸に向かうものとして、さっきの「仙台橋」が通説通りに今の大橋と同じ位置だとすると、大橋を突破して巽門の方へ敵が攻め寄せてきた時に（図の経路A）、このL字堀の持つ意味は、敵勢の進路を多少狭めるくらいしかないんじゃないかな。

次に「仙台橋」が後の花壇橋だった場合のことを考えてみると、花壇橋はその正確な位置はまだ分か

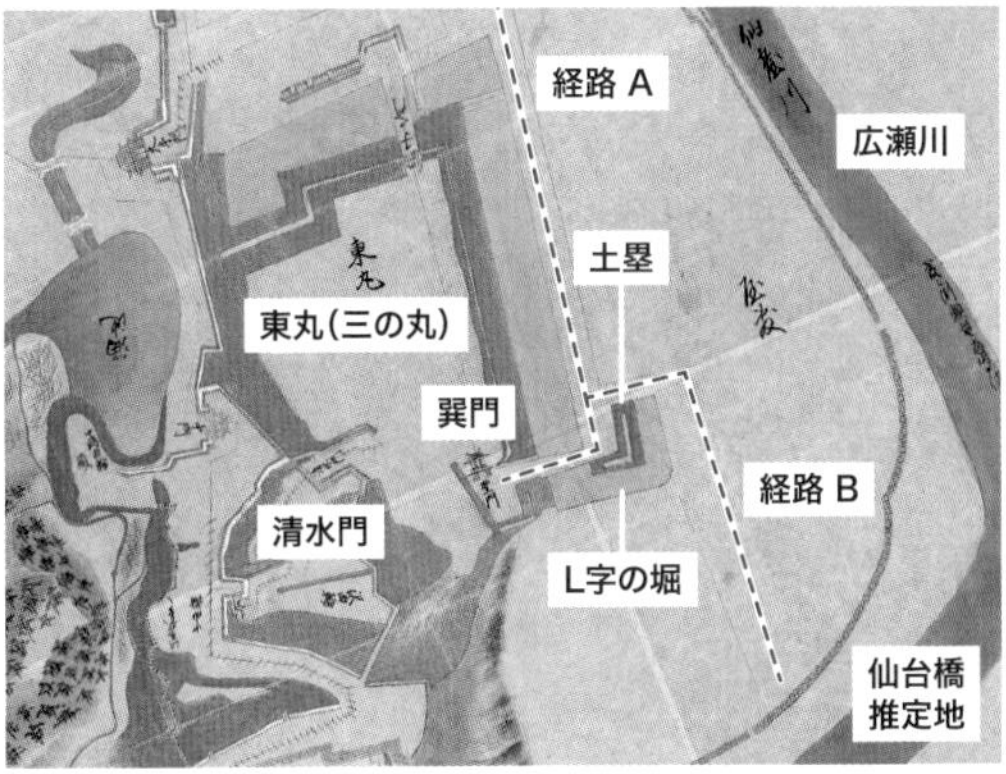

仙台城絵図に見える東丸付近（国立国会図書館所蔵）

っていないけれど、広瀬川の屈曲や崖の関係からすれば、このL字の堀より南側にあったのはほぼ確実。花壇橋＝仙台橋を敵勢が突破して巽門に向かう場合には（図の経路B）、このL字堀が邪魔をして、北にぐるっと迂回を余儀なくされてしまう。

それから、仙台城の平面を描いた絵図を見ると、このL字堀の内側に土塁があるのが分かると思うけど、この土塁はどっちから攻めてくる敵に有効だと思う？

M　これはどう見ても南や東への備えだね。だって、仮に大橋の方から攻められたとすると、土塁と堀が逆位置になって、これは使えないね。反面、花壇橋の方から攻めてくる敵に対してなら、土塁の前に堀があって、これは守るのに具合が良さそうだ。

K　そうだよね。ということで、おさらいをしておこう。慶長六年暮れに竣工した仙台橋は後の大橋とは別のもので、花壇橋の位置にあって、築城期において城下から仙台城へ向かう経路は、琵琶首から花壇屋敷付近を通って仙台橋で広瀬川を渡り、L字堀で迂回を余儀なくされながら巽門に入り、坂を登って清水門に向かうというものというのが僕の仮説なんだ。

正直言って状況証拠の積み重ねなんだけど、築城当初の大手筋を渡辺先生の説のように清水門の筋とすると、こう考えるのが一番妥当なように思うけどなー。

M　大胆な説だなー。でもそうすると、例えば城下の町割が、大橋あるいは大手門から東を見通して東西の基準軸である大町のラインを設けたという、よく言われている考えはどうなるのかな？

K　その件に関しては、政宗が仙台城の築城を始めた時期はまだ戦時中であり、そうした時期の築城であることに注意する必要がある、という小林清治先生の考えによればクリアできると思う。つまり橋は軍事的には大変重要な施設であって、戦時中にあってはその建設は都市計画よりも軍事的な課題が優先されてもおかしくない。

　それから、君の言ったことは最近流行の一種のビスタ論にもつながりそうだけれど、大橋や大手門付近の道は屈曲がつけられていて見通しが効きそうもないし、近世都市論に詳しい千葉正樹さんによれば、大町の筋からは大手門は見えないらしい。

M　仙台城下の町割の基準線が何に基づくのかについては、いろいろと検討の余地があるということか。

K　ただ、仙台城の縄張や城下の町割の際に、大橋の位置を政宗がすでに意識していたのかもしれない。例えば、当面の戦時下においては花壇橋を仙台城への唯一の経路としても、平時になったら違う場所に橋を新設しようという将来的な都市計画を持っていて、将来架けられるであろう橋に向かってあらかじめ大町のラインを割り出した可能性も考えられると思う。

　で、その平時に架けられた新しい橋というのが、滝沢不動のご神木を慶長一四年に切り出して造られた大橋と考えるんだ。

M　そして、仙台城の大手口への入り口という役目を終えた仙台橋は花壇橋となって、政宗の別荘である花壇屋敷と仙台城を結ぶ橋として第二の人生を歩むわけか。

大広間をめぐって

K　じつは、この大橋の建設とほぼ同じ時期に建設されている重要建築がある。

M　本丸大広間のこと？　たしか『治家記録』は慶長一五（一六一〇）年の落成にしていたと思うけど。

K　その通り、でも同じ『治家記録』は慶長七、八年頃に仙台城の普請が出来ていたと言っている。中心となるべき建物の完成に、それから八年かかっているのは長すぎると思わない？

M　たしかに。寛永年間の二の丸造営の時は、一部既存の建物を使っていることもあるけど、寛永一五（一六三八）年に幕府の許可が出て、寛永一七年の正月年始は二の丸で行っているから、主要な建築は二年くらいのうちに出来上がっているよね。

K　大広間が果たした機能というのは、かなり重要で、例えば年始の儀式や、江戸などから仙台に帰国した際の家臣との対面の場とか、藩のいろんな公式行事が行われる。言ってみれば藩政の中心的な場所で、そういう施設が慶長一五年まで存在しなかったというのは、すごく不自然だと思わないか？

M　とすると、大広間完成までは別な施設を使っていたのかな。

K　そうとしか考えられない。幕末に筆写された史料で、『仙台古文記』というものがあって、慶長期の家臣の知行高や旗印などを記した面白い史料なんだけど、この中に、仙台城が出来てから政宗が最初に仙台で正月を迎えた慶長九（一六〇四）年の年始の時の座列を書いた部分があって、この時の儀式が「大広間」で行われたと書いてある。

M　えっ、ということは『治家記録』の記事は間違いということ？

K　そうではなくて、後の大広間と同じ機能を持った建築物が慶長九年当時に存在し、同じ大広間という名称だったと考えればいいと思うけど。

M　つまり、慶長一五年に落成した大広間は二代目だったということか。

K　同じ場所で建て替えを行ったか、あるいは最初の大広間を別の建物、例えば藩主の日常生活の場である「奥」の建物に転用して、違う場所に新しく建てた可能性も考えられる。とくに、発掘調査で政宗時代の庭園の跡が見つかっている東丸（三の丸）の場所は、初代の大広間が建てられた場所の有力候補になると思う。仙台城の東丸は、本丸からすれば根小屋《ねごや》的な場所にあたるし、山城の直下に御殿を置く例は、古くは越前の一乗谷《いちじょうだに》（福井県福井市）や信長時代の岐阜城があるし、近世でも毛利氏の萩城や島津氏の鹿児島城など、類例はかなり多い。

注意したいのは、慶長一五年に完成した本丸大広間の建築は、単に大広間を新築したというだけでなく、仙台城の空間構造に何らかの変化を与えた可能性が大きいということなんだ。

M 大広間跡では発掘調査が行われているけど、その辺のことは分からなかったのかな？

K 大広間よりも古い遺構がありそうだということは確認されたようだけど、調査面積が狭くて詳しいことは分からなかったらしい。仙台城の本当の姿を明らかにするには、継続的に発掘調査を続けていくことが必要だね。

仙台城の改造

M で、慶長一四年の大橋建設も、そうした仙台城の構造改変と関連すると考えるわけか。

K そのとおり。ついでにもう一つ言ってしまうと、大広間と建築様式が似ている大手門の建築時期をこの慶長一四、五年頃にもってくると、大橋―大手門―大広間がうまく繋がってくる。

M そうか、それが最初に言っていた「大手門＝築城期造営説」でも「大手門＝二の丸建設時造営説」でもない、第三の可能性ってやつか。

K うん。築城当初は軍事的な面を最も優先して仙台城は造られたけど、徳川の天下が固まりつつある様子を見た政宗が、軍事的な要塞よりも政治的な中心地としての新たな居城を欲して、

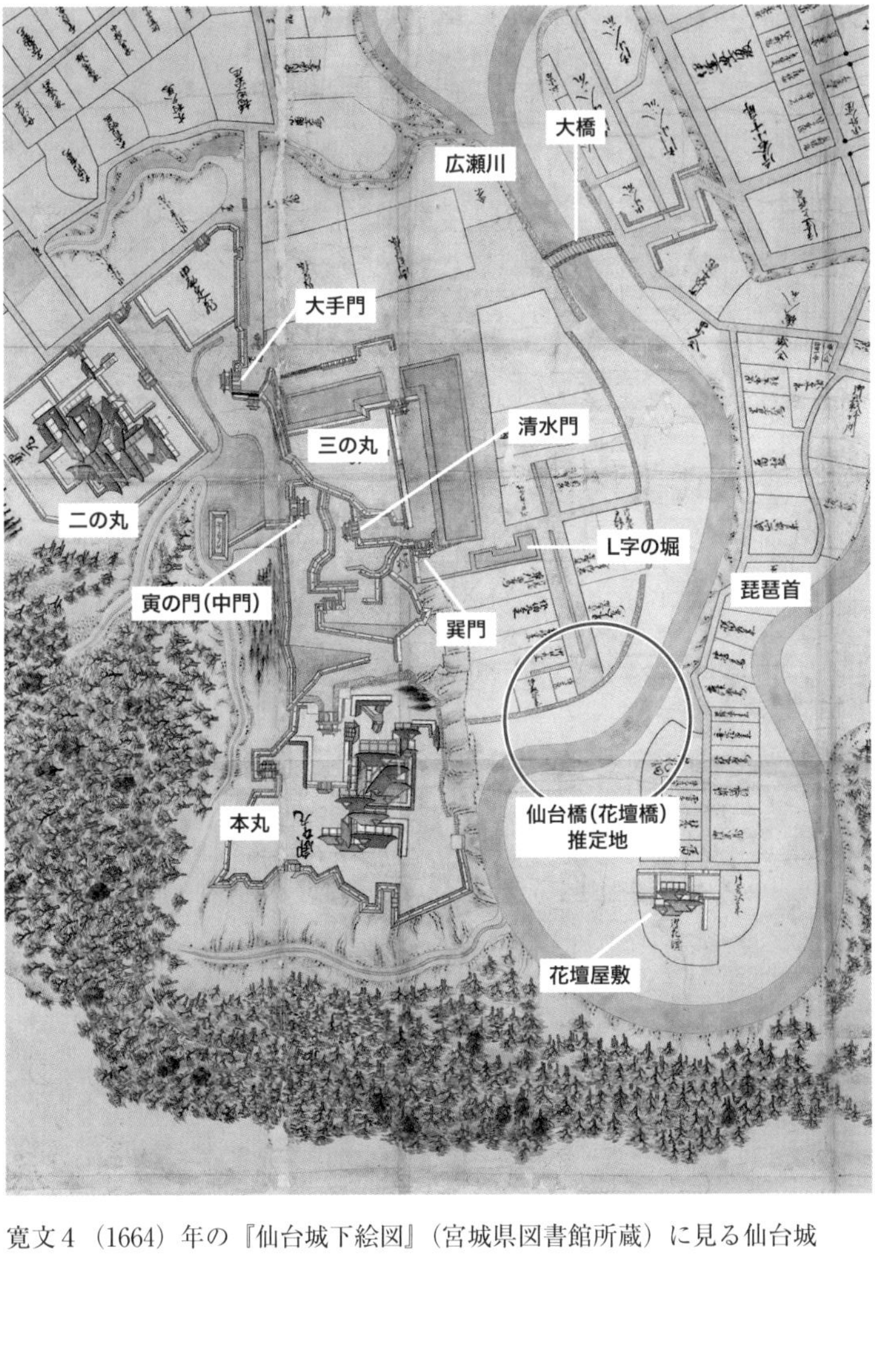

寛文４（1664）年の『仙台城下絵図』（宮城県図書館所蔵）に見る仙台城

仙台城の改造を行ったんじゃないかな。

もう一つ、付け足しておくと、後に二の丸が造られる場所には政宗の四男宗泰の屋敷があったらしいんだ。それから、これに隣接した所は政宗の長女五郎八姫の居所で「西館」あるいは「西屋敷」とも称されている。このように、政宗の親族が住む、後の二の丸のエリアは、仙台城の内部として認識されていた可能性が大きいように思う。

つまりこの地は、二代藩主忠宗による二の丸造営によって初めて仙台城の範囲に加えられたのではなくて、政宗期からすでに組み込まれていたと考えるべきでないかな。

一回まとめておくと、慶長一四、五年頃に仙台城の大改造が行われており、それは城下町のメインストリートから城に向かう位置に城と城下を結ぶ大橋を架けて、さらにその正面に豪壮な大手門を造り、大手門の背後も城の一部として政宗の近親が住むエリアとし、山上の本丸には六〇万石余の大大名に相応しい殿舎を造ったということになる。そして、大手門から本丸へ向かうために沢を埋めて土橋を造り、重層の寅の門を建てた。寅の門の所の道の屈曲のさせ方は、完全に平和になった寛永年間に造られた二の丸の門とはまるっきり違って、まだ戦国の雰囲気をただよわせる造りになっているよね。

M　そういえば、去年（平成一三年＝二〇〇一年）の東北史学会のシンポジウムで近世初期における城下町形成の話をしていたけど、そこで米沢をはじめとして、築城や移封から一〇年前後たってから城や城下の改造を行う事例が報告されていたね。仙台城もそうした類例に入ってくるのかな。

K　仙台人の悪い癖で、何でも政宗が最初から始めて、しかも最初から立派な物だったように思ってしまうけど、そうでない物は沢山ある。

例えば、奥州街道を例にしてみれば、城下の南側のルートが後の若林城建設等によって変化することは知られていたけど、北側も東昌寺の門前で東に回って堤町を通って七北田《ななきた》に向かうルートが出来る前に、少なくとも慶長年間は北山の西側、輪王寺の脇を通って上谷刈《かみやがり》から本七北田《もとななきた》へ抜ける道筋だった可能性が高いと僕は思っている。

それから、城下の中心である芭蕉の辻にしたって、千葉正樹さんの研究では、辻の四隅に城郭風の建築が出来上がるのはどうも江戸時代後期のことらしい。

M　仙台城本丸にしたって、築城期の平面プランが、今のものと随分違っていたわけだからね。今日教えてもらった説もまだまだクリアしなければならない点は多いけど、仙台城や城下町の研究が進みつつある状況からすると、これまで前提にしてきた「常識」を見直して、いろいろな可能性をみんなで言い合って、そのなかで本当の姿が見えてくればいいんじゃないかな。

K　まあ今日の話は、発掘調査なんかであっさりと夢物語になってしまうかもしれないけど、でも仙台城や仙台の城下町を考える上での話題提供になれば、それだけでも十分だよ。

でも、渡辺先生の意見をぜひ聞きたかったなー。

エピローグ

渡辺信夫先生最後のお仕事というべき『仙台市史　通史編3　近世1』で、先生は全体の四割近い分量を受け持たれていた。しかし、思いもかけず仙台城本丸艮櫓建設問題が紛糾したこともあってか、執筆作業は大幅に遅れていた。先生が最後の原稿を託されたのは急逝される直前の平成二三（二〇〇一）年一月一二日のことで、その時の、先生のお元気なようすを耳にしていた筆者にとって、先生の急逝は俄には信じがたい出来事であった。電話で先生の訃報に接した筆者の上司が、絶句してしまい、ようやくにして先生の訃報を我々に伝えた時のことは今でも忘れることができない。

渡辺先生から最後に頂戴した原稿は仙台城下の形成に関するもので、それはその数日前にいただいていた仙台城に関する記述に引き続くものであった。この部分は、先生の分担から言えば前半の方に位置しており、先生は順番を違えても仙台城の記述を最後の作業とされたことになる。それは仙台城で行われている発掘調査の最新の成果を『仙台市史』に反映しようという先生の研究姿勢を如実に示したものと考えられる。

ただ、櫓問題などもあって予想以上の激務のなかで執筆されたであろう渡辺先生の原稿は、記述の重複などが一部に見られ、完全原稿とは言えない状況であった。先生ご自身もその点は自覚されており「いろいろと不十分な点があって、整理やら書き直しが必要ですが、今は手をかける余裕もないので、校正の時に検討させてください」とおっしゃり、筆者も「はい、その時は私の方からもいろいろと意見を言わせていただきます」と返事をしていたことを明瞭に記憶している。学問に対して常に真摯であった先生は、私らが先生のお考えと異なる意見を開陳しても、真剣に対応され、採るべき所はきちんと評価してくださった。先生から頂戴した原稿を前に、先生にあれも尋ねよう、ここは先生の考えと少し見解が違うんだが、などと手ぐすねを引いていた矢先の訃報であった。

渡辺信夫先生を追悼する企画に小文を呈するに当たって、どのようなテーマを取り上げるべきかいろいろと迷ったが、やはり先生が最後まで気にかけられていたであろう仙台城について、先生の原稿を拝見しながら筆者が感じた疑問点や、その副産物として思い浮かんだ仮説を先生にお示しするのが、追悼号に相応しいかと考えた次第である。

ただし、本文中でも記したが、筆者が感じている疑問点と、それに対する状況証拠の積み重ねによる仮説を提示するという内容だけに、通常の論文スタイルではうまく書き進めることができず、試行錯誤の結果、口語体による対話形式というやや異例のスタイルを採らせていただいた。KとMの対話は、基本的には筆者の思考のなかにおける自問自答であるが、渡辺先生とこのようなやり取りをしてみたかったという筆者の今はかなわぬ願望でもある。

本稿を成するに当たっては、仙台市史関係者や職場の同僚など数人の方に筆者の仮説を提示して意見をいただいた。感謝申し上げたい。文中でも述べたが、今後の研究の進展によっては、夢まぼろしと消え去るかもしれないような仮説であるが、今後の仙台城研究の進展を支える裏込め石の一つにでもなれば、これに過ぎる冥利はない。

でも、これを渡辺先生がご覧になったらどのようにおっしゃるか。「きみー、それは考え過ぎだねー」と破顔一笑されたかもしれない。

【初出】故渡辺信夫先生は筆者が大学および大学院で所属した研究室の主任教授で、また仙台市博物館に勤務した後は仙台市史編さん専門委員としてなど、長くご指導をいただいた。平成一三（二〇〇一）年に誰もが想定しなかった病で急逝された後、研究室で発行していた『国史談話会雑誌』第四三号（二〇〇二年）で企画された追悼号に呈した同名の拙文を加筆修正した。

四　政宗の実力

伊達軍団は精強か

戦国時代ブームが続く中、伊達政宗の人気は相変わらず高いものがある。晩年まで天下への野望を捨てずに、派手なパフォーマンスを繰り返す。領内の整備に力を注ぎながら、ヨーロッパへ使節を派遣するといった他の大名がなし得なかったことを実行し、一方では書状を書きまくって家臣の心をつかみ、他の大名や幕臣、公家などとの親交を深める。文事にも大きな関心を示し、また黒ずくめの甲冑を好むといった独特の美的感覚を持つ。多くの面で、彼が魅力的な人物であることは否めない。

しかしながら、政宗に関する多くの歴史資料を見ていくと、これまで彼に対して下されてきた評価が果たして妥当なのか、と疑問を感じる点が少なからず存在する。

伊達政宗が用いた五枚胴具足
（仙台市博物館所蔵）

例えば、政宗率いる伊達軍団の軍事力については、一般には「精強」というイメージが強い。政宗の家督相続後、わずか五年にして南奥羽の大半をその手中に収めるという急速な勢力拡大には、一定の軍事的な成功があったのは確かである。さらに、漠然と考えられている「奥羽の兵は強い」というイメージが加わり、伊達軍団の軍事力は高く評価されてきたように感じられる。

しかし、先行するイメージを脇に置いて、改めて政宗の戦歴を確認すると、どうも違う評価を下さざるをえない、というのが以前から感じてきたところである。以下、主な政宗の戦歴を概観し、政宗率いるところの伊達勢の軍事力を再点検し、同時に、何故に政宗が短期間に南奥の覇者となったのかを検証してみたい。

二つの大会戦

まず、伊達政宗が家督を継いだ天正一二（一五八四）年秋から、小田原に参陣して豊臣秀吉の麾下《きか》に入る天正一八年夏までの戦歴を見てみたい。一般に、政宗はこの期間に会津の蘆名氏や仙道方面（現在の福島県中通り地方）の諸氏を軍事的に征圧したとされ、政宗が最も活発に軍事行動を行った時期でもある。

この時期の政宗の戦歴を見ると、政宗自身が参加した大きな合戦が意外と少ないという事実に気が付く。政宗の南奥制覇の過程で政宗自身が采配を振るった大会戦は、天正一三年一一月の人取橋の戦い、そして会津の蘆名氏を破った天正一七年六月の摺上原《すりあげはら》の戦いの二つが挙げられる程度である。以下、この二つの合戦の状況を再点検してみたい。

まず人取橋の戦いであるが、政宗の父・輝宗の横死に起因して二本松城主・畠山氏を攻撃する政宗に対して、蘆名氏・佐竹氏を中心に、石川・岩城・白河の諸氏からなる連合軍が畠山氏を救援すべく北上し、安積郡本宮（福島県本宮市）の西方で伊達勢と衝突した合戦である。『貞山公治家記録』によれば、蘆名・佐竹の連合軍の動員兵力は約三万、伊達勢は七千から八千であった。ただし伊達勢は周囲の城に兵を配置したため、合戦に投入できた兵力は五千程度であったようだ。したがって、戦場における伊達勢と連合軍との戦力比は一対六に及び、伊達方の圧倒的非勢は明らかであった。

合戦の具体的な経過は割愛するが、兵力の面で劣る伊達勢は、多くの戦死者を出したものの、鬼庭《もにわ》良直や伊達成実《しげざね》等の奮戦によってかろうじて戦線を維持することができた。そして合戦の翌日、蘆名・佐竹の連合軍は優勢な状況にもかかわらず、なぜか兵を引き上げたため、政宗は安積一帯を確保することができた。

この人取橋の戦いは、政宗が非勢にもかかわらず蘆名・佐竹の圧力を跳ね返し、以後の南奥制覇の端緒を作った合戦として名高いが、再評価すべき点も少なくない。

その最大のものは、合戦に参加した人数のことである。先述したように仙台藩側の史料『貞山公治家記録』の記載によると、連合軍の総兵力は三万であったが、実際に戦闘に参加したのは五千程度であったらしい。一方で伊達勢は、先述したように周囲の城に兵を配置したため、合戦に参加したのは、政宗が率いる四千と伊達成実が指揮する別働隊千人余の合計五千であった。つまり、実際に戦闘に参加した人数では、連合軍と伊達勢はほぼ互角であったのである。もちろん、実際の戦場では詳細な戦力の把握は難しく、伊達勢は「敵よりも圧倒的に少数であり、苦戦を余儀なくされる」という意識で戦っていたものと思われるが、結果論的には伊達方はそれほど悲観的な状況ではなかったと見ることもできる。

このような戦力の問題を見る限り、人取橋の戦いにおいて、伊達勢の戦闘能力は蘆名・佐竹の連合軍より特段に上回ったというものではなさそうである。むしろ評価すべきは、三万対八千という兵力差があったが、戦力の分散を最小限にとどめて、実際の戦闘においてほぼ互角の兵力比に持ち込んだ政宗の作戦能力の方ではなかろうか。

次に天正一七年の摺上原の戦いを見てみたい。

戦いの直接の発端は、この年の四月、それまで蘆名・佐竹の連合軍と政宗との調停者的な立場にあった岩城常隆が反政宗の態度を鮮明にし、政宗が掌握していた田村領への攻撃を開始したことにある。

これに連動して田村領の東に勢力を有する相馬氏も田村領への触手を伸ばしたため、政宗は仙道方面と会津を結ぶ安積郡阿子島・高玉の二つの城を攻め落として攻勢防御の姿勢をとる一方で、政宗自身が兵を率いて北に向かい、相馬氏を北方から攻撃し、間接的に田村領への圧力を軽減する策に出た。

政宗の作戦は功を奏し、五月二一日までに相馬領北端である宇多郡の北部を手中にすることができた。これに対して、相馬氏を援けようとする蘆名・佐竹・岩城の連合軍は田村領への侵攻を図り、五月二七日に岩瀬郡須賀川に集結した。この報を聞いた政宗は急遽、仙道方面に転じ、六月二日に本宮、阿子島へ移り、連合軍と対峙する姿勢を見せた。この段階で伊達勢は約二万、蘆名・佐竹・岩城の連合軍の兵力は約三万に及んだと推定されている。

ここで政宗が採った作戦は、連合軍と正面衝突ではなく、蘆名氏の本拠である会津へ乱入することであった。蘆名氏の重臣であった猪苗代氏の内応があったことも、その作戦を採用させる大きな要因となった。政宗は六月四日に兵を西に向けて猪苗代に着陣。これを知った蘆名方は須賀川から本城である黒川へ急いで戻り、伊達勢に対抗すべく兵を東へ向けた。

こうして六月五日、伊達勢と蘆名勢は磐梯山麓の摺上原で一大会戦に及ぶことになった。この時の兵力は、確実な史料はないが、『蘆名家記』は伊達勢二万三千、蘆名勢一万六千とし、『伊達便覧史』は伊達勢の数を五千騎としている。政宗が作戦の主導権を握ったため、蘆名方は本

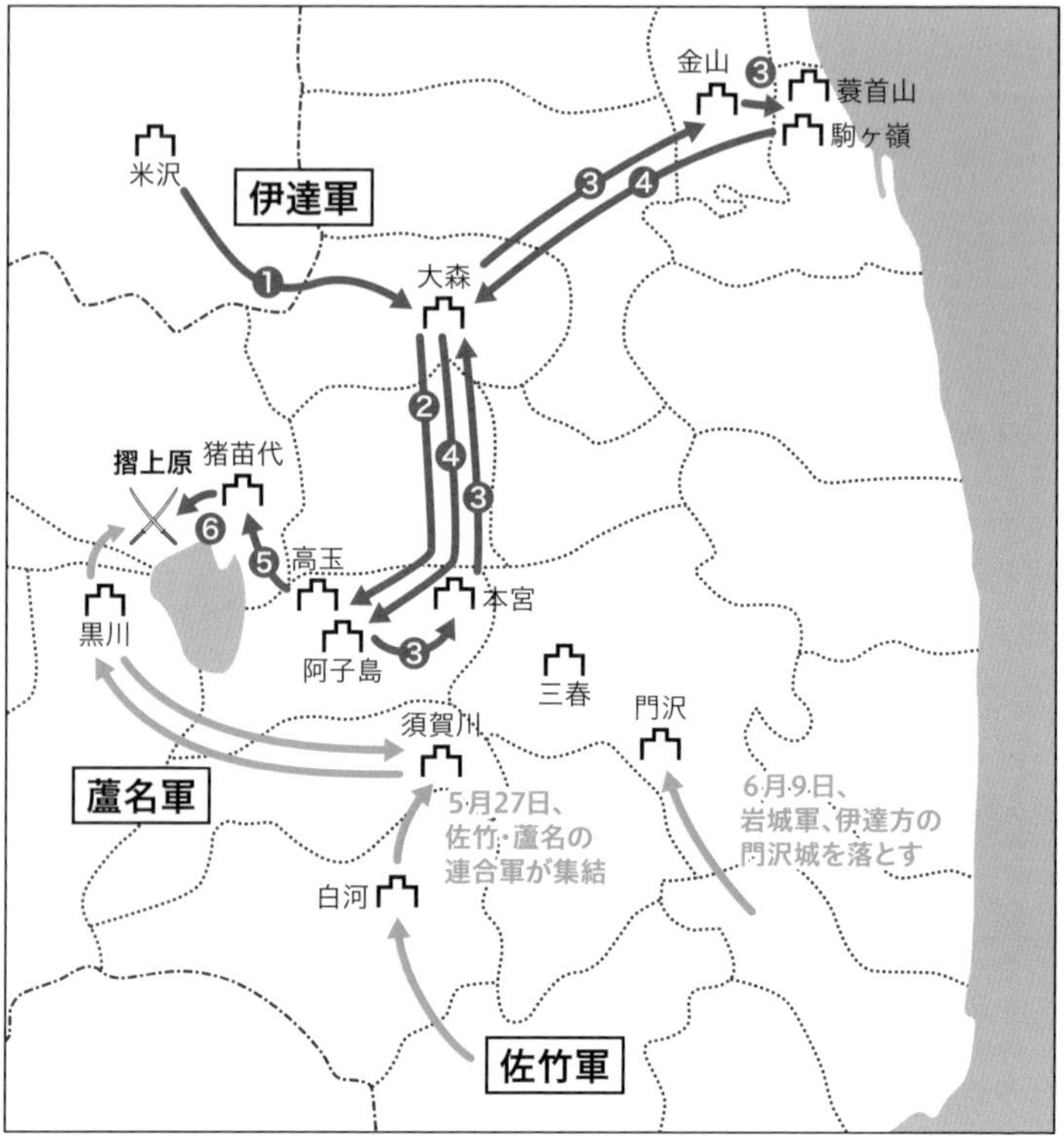

摺上原合戦の戦況概要図

伊達軍の動き

❶4月22日、大森城に入る
❷本宮を経て、5月4日に阿子島城、5日に高玉城を落とす
❸金山を経て相馬領に侵攻。5月19日に駒ヶ嶺城、21日に蓑首山城を落とす
❹6月3日、本宮から阿子島に入る
❺6月4日、猪苗代城に入る
❻6月5日、摺上原で蘆名勢と戦う

拠に近い場所での合戦ではあったが、十分に兵力を整えることができず、数的には伊達勢の方が優位な状況にあったのは確かであろう。

　合戦は、当初は蘆名方がやや優勢な状況であったが、伊達方の別働隊が蘆名勢の背後を衝いたために一気に戦局が転換し、蘆名方の大敗となった。

　蘆名方の敗因については、蘆名家中において、譜代の家臣と佐竹氏から蘆名家へ養子に入った盛重に付いてきた佐竹系の家臣との不和があったことも、その一つと指摘されることが多い。しかし、兵力差を見れば、伊達勢の勝利は順当なものであったと考えるのが妥当であろう。とすれば、伊達勢の勝因は、機動的な動きで蘆名方を翻弄し、さらに佐竹・岩城の連合軍から蘆名を切り離して個別撃破することに成功した、政宗の作戦の成功とみるべきである。ここにも、勝利の理由を伊達勢の戦闘能力の高さに求めることはできないのである。

　このように、南奥で政宗が臨んだ二つの大会戦において、伊達勢の戦闘能力が他氏を明確に上回るものであったことを示す証拠は見つけることができない。むしろ、政宗が戦闘目的を達成できた理由は、彼が採った作戦が成功した、という点に見ることができるように思われる。

意外な苦戦

この二つの大会戦以外はどうかというと、実は伊達勢は意外に「勝っていない」という事実が明らかになる。

例えば、政宗が家督を継いで最初の軍事行動となった関柴《せきしば》・檜原《ひばら》合戦。会津浪人の平田某の手引きで蘆名氏への内応工作を進め、その目途がついたとして、五月初旬に伊達領の置賜と境を接する蘆名領北部に政宗自身が兵を率い、大塩城（柏木城　福島県北塩原村）を攻撃した。しかし、堅い守備に阻まれて、一日にして撤兵している。伊達勢は国境に近い檜原一帯を占拠し、檜原城（福島県北塩原村）を築いて重臣の後藤信康を城番とし、以後、この方面での伊達氏と蘆名氏の対立は、小競り合いを続けながら、軍事的には均衡状態が数年間続くことになる。

また、政宗自身が兵を率いたわけではないが、天正一六年一月から二月に行われた大崎攻めでは、伊達勢は完敗を喫している。この合戦では留守政景と泉田重光が大将となり、おもに宮城・名取・柴田・伊具といった伊達領北部の武将が伊達勢の中核をなしていた。当時、大崎家中は分裂状態にあり、中でも大崎氏重臣の筆頭的地位にあった氏家弾正が伊達氏に通じていたことから、情勢は伊達方に利があるように見えた。しかし、大崎氏の拠点的城郭の一つである加美郡中新田《なかにいだ》城（宮城県加美町）を攻めた泉田重光率いる伊達勢は、大崎方の反撃に遭い志田郡新沼城（宮城県大崎市）へ退却。志田郡師山城《もろやま》（宮城県大崎市）を攻めた留守政景が率いる一軍も攻撃を断念し、出撃拠点であった志田郡松山城（宮城県大崎市）へ退却している。さらに泉田勢が籠もる新沼城は、追撃してきた大崎勢に包囲され、二〇日余りの籠城の後、主将の泉田重光等が人質となることで開城・和議が成立し、泉田勢は開城して大崎領から撤退するに至っている。政宗自身が出馬した合戦ではないものの、政宗の戦歴に大きな黒星が付いた合戦であった。

この大崎攻めの後、政宗最大の苦戦と評される郡山対陣が発生した。天正一六年二月以降、仙道方面では蘆名氏や佐竹氏、大内氏旧臣石川氏と伊達勢との衝突が頻発していたが、六月に入り蘆名・佐竹を中核とし、岩城・石川・白河・二階堂の諸氏が加わった連合軍（『貞山公治家記録』によると四千、『政宗記』では八千）が、伊達方の掌握する安積郡郡山城（福島県郡山市）を攻撃した。当時、政宗は最上氏・大崎氏・相馬氏とも緊張関係ないしは軍事的対立関係にあったために各方面への備えを余儀なくされ、郡山城への援軍は、自身が率いる数百しか集めることができなかった。後に伊達勢は増援を得て一千に増加したが、いずれ連合軍に比べて圧倒的に不利であったことだけは間違いない。この郡山城をめぐる抗争は、六月中旬から約一カ月にわたって続き、大きな合戦には発展しなかったものの、小規模な衝突を繰り返し、兵力に劣る伊達方は大きな苦戦を強いられた。そうした所、岩城氏の仲介によって和睦となった。

政宗にとっては、軍事的にも外交的にも厳しい時期の軍事行動であったが、粘り強いその行動によって、最大の苦境を脱することができたのであった。

これより前、天正一三年から一四年にかけての二本松城攻撃は、蘆名・佐竹の圧力があり、また二本松城が堅固であったこともあって、ついに軍事的には攻略することができず、相馬氏を仲人とした和睦交渉で開城を勝ち取っている。

また、蘆名氏を滅ぼした後に行われた奥会津の掃討作戦では、山内氏の水久保城（福島県只見町）や河原田氏の久川城（福島県南会津町）で頑強な抵抗を受け、越後の上杉氏が山内氏・河原田氏を支援したこともあり、戦力的には伊達勢が優勢であったにもかかわらず、ついに水久保城・久川城を攻略することはできなかった。

小田原参陣に際しても、政宗に服属していた二階堂氏の旧臣・矢田野氏が叛旗を翻し、岩瀬郡大里城（福島県天栄村）に籠城するという事件が発生した。政宗は伊達成実・片倉景綱・石川昭光等の五千とも一万とも言われる精兵を差し向けて攻撃したが、五〇〇人ほどの小勢であった城方は意外にも敢闘し、二カ月近くも持ちこたえ、ついには奥羽仕置のために豊臣軍が奥州に入ってきたために、政宗は軍を引き上げて城の囲みを解かざるを得なかった。

このように、政宗が最も活発に軍事行動を行い、南奥の大部分を制覇したとされる天正年間でも、伊達勢は「連戦連勝」というわけではなかった。相手が小勢であって戦力比較では伊達勢が有利であっても、苦戦を強いられる局面がしばしば見られた。

もちろん、天正一三年、一六年の二度にわたって行われた塩松《しおのまつ》の小手森《おでもり》城（福島県二本松市）攻め、天正一七年一一月に行われた二階堂氏の本城・須賀川城攻めなど、圧勝した作戦もある。しかし多くは、圧倒的な兵力差があって、さらに敵方に内応者がいるなど、戦闘行動以前に伊達方の勝利がほぼ確実と思われる場合が多く、その勝因を伊達勢の「精強さ」に求めることはできないのである。

南奥制覇の秘密

さかのぼってみると、実は政宗の父・輝宗は、天正四年以来、相馬氏と伊具郡南部の地（宮城県丸森町）をめぐって、毎年のように合戦を繰り返していた。その間、決定的な優劣がつくことはなく、最終的には天正一〇年（天正一一年とする記録もある）に伊達氏は相馬方からの内応者を得たこともあって、係争地を手中にしている。

この当時の相馬氏と伊達氏の勢力を分析してみると、相馬氏の所領は、宇多・行方《なめかた》・標葉《しねは》の三郡と伊具郡の一部を領しているに過ぎなかった。江戸時代の石高で言えば一〇万石に達せず、せいぜい七万石といったところであった。一方で伊達氏は、置賜・伊達・信夫・刈田・柴田・

亘理・名取・宮城の各郡などを領していた。江戸時代の石高では六〇万石ほどになり、所領の規模で言えば相馬氏の八倍以上に相当したのである。所領の規模は、当然ながら軍事力にも比例するものであり、伊達氏は相馬氏に対して兵力差では圧倒的に有利であったことは否めない事実である。しかも、当時の史料を見ると、伊達氏は同盟関係にあった会津の蘆名氏からしばしば援軍を得ていた。したがって、伊達勢と相馬勢の戦力バランスは、圧倒的に伊達勢に傾いていたと見て良さそうだが、そうした状況下でも、伊達勢は伊具郡南部の地を手中にするのに長い年月を要しているのである。少なくとも伊達輝宗の時代、伊達氏の軍事的実力はあまり高いものではなかった、と見るのが正しい評価ではないだろうか。

輝宗から政宗に伊達氏の当主の地位が譲られたのは天正一二年のことであったが、代替わりによって伊達氏の軍事編成に大きな改変が加えられた形跡はまったく見ることができない。つまり、政宗が有していた兵力は、伊達成実や片倉景綱といった一部の側近の台頭を除いて、父・輝宗の時代とあまり変わりないものであった。輝宗の頃の伊達勢が、相馬氏など奥州の諸氏と比べて突出して精強なものではなかったからには、政宗が率いた伊達勢も同様であったと考えるのが妥当な判断と言えよう。

それを裏付けるように、天正年間以後も実は政宗はたいして勝っていないのである。

天正一八、九年の葛西大崎一揆討伐戦では、多くの葛西・大崎旧臣を傘下に加えながらも、相当な苦戦を強いられている。豊臣秀吉の命による朝鮮出兵では、文禄二（一五九三）年に朝鮮へ渡海し、朝鮮半島南部を転戦している。伊達家側の記録では、戦功を挙げ、秀吉から感状を得たことになっているが、他家の史料などを見る限り、目立った戦功を挙げている様子は確認できず、朝鮮での戦功話はかなり割り引いて考えた方が良さそうである。

慶長五（一六〇〇）年の関ヶ原合戦に際しては、西軍に付いた上杉方の白石城（宮城県白石市）を電撃作戦によって落城させたものの、その後は戦線が膠着した。関ヶ原合戦の結果を知った後の一〇月初旬に至り、政宗自身が兵を率いて旧領の伊達郡へ侵攻するも、上杉方の本庄繁長・須田長義の反撃に遭って、一日にして撤退している。

そして政宗最後の合戦となった慶長二〇（一六一五）年五月の大坂夏の陣。五月六日に道明寺口で繰り広げられた大会戦で、政宗率いる推定一万の伊達勢は、大坂方の後藤基次勢二千八百、続いて薄田兼相《すすきだかねすけ》の軍勢四〇〇をあっという間に打ち破った。しかし、続いて真田信繁（幸村）の軍勢三千と衝突すると、兵力差では優位にありながら疲れもあってか退却を余儀なくされている。

このように、上杉、真田といった全国的に強兵で名の通った兵に対し、政宗率いる伊達勢は数的優位にあっても敗北を喫している。奥羽の中でも平均を超えるものではなかった伊達勢の戦力は、全国トップレベルの上杉、真田の精兵にはかなわなかったのだ。冒頭でも述べたように、何故か「伊達勢は精強」という評価が一般的に横行しているが、それは幻想に過ぎないことはこのように明白である。

それでは、政宗は何故、短い期間に急速に版図を広げ、南奥の大部分を領有するに至ったのであろうか。詳述するのはまた別な機会を持ちたいが、結論だけ述べれば、一つには政宗の作戦能力の高さがあり、もう一つには優れた外交能力を挙げるべきと考える。

まず、作戦能力であるが、人取橋合戦で見せたような自軍は兵力の分散を防いで戦力の集中を図り、逆に分散した敵方と対することにより、総兵力では敵方に劣っても局地的にはさほど兵力に差が生じないような作戦を政宗は得意としていたように見える。摺上原の戦いはまさにこの作戦が功を奏したものであり、また郡山対陣で圧倒的な寡兵にもかかわらず、持ちこたえることができたのは、やはりこうした兵力の分散と集中に意を配した作戦によるものと考える。

作戦の面でもう一つ特徴的なのは、機動的な動きである。摺上原の戦いや白石城攻めで見られるように、兵を機敏に動かし、敵の作戦準備が十分に整わないうちに決戦を強要し、戦いの主導権を握っている。

一方で外交面を見ると、政宗は敵方に内応者を作るのが実に巧みであった。一度苦杯を喫した大崎氏は、一年後には伊達氏の軍事指揮下に入ることを条件に和議を結んだ。この間、とくに伊達氏から軍事攻撃をかけたわけではなかったが、以前からの与同者であった氏家弾正のほかにも高泉氏・中目氏・鮎田氏といった大崎家臣に書状を送り、伊達方に付けた果実であった。また、政宗とは長い敵対関係にあった須賀川の二階堂氏に対しては、天正一六年頃から保土原《ほどわら》江南斎《こうなんさい》・須田佐渡守・浜尾駿河守といった重臣に書状を送り、二階堂家中に親伊達勢力を形成させ、結果的に天正一七年一〇月に須賀川城を攻めた際には一日にして落城に追い込んでいる。

このように内応者を作る際、そして機動的な作戦を実施するには、高い情報収集能力が必要である。誰が内応の可能性があるのか、そしてどこに敵の弱点があり、それをどのように衝いたらよいか、その的確な判断を下すには十分な情報の集積が必須である。政宗がどのようにしてそうした情報収集を行っていたのか、まだまだ不明な点が多いが、ここにこそ、実は彼の真の実力があったと見て間違いない、というのが筆者の結論である。

【初出】伊達政宗の生誕地である山形県米沢市で発行されている郷土史関係の雑誌『懐風』第三七号（二〇一二年）に寄稿した同タイトルのものを一部加筆修正し、また図版を加えて構成した。常識となっている評価も、一次史料に立ち帰って再検討すると、違う評価が出かねない、ということは近年の歴史研究ではしばしば見られるが、伊達政宗もしっかりと再評価すべきと発言した、自分では気持ちよくかけた原稿だ。

五　政宗からの贈り物

前近代の封建社会において、贈り物は社会が動くなかで、今では想像もつかないくらい重要な役割を果たしていた。伊達政宗もまた然り。豊臣秀吉や徳川将軍への服属を示すための贈り物や、正月や節句等の定例的、儀式的な贈り物は当然として、政宗は実に様々なものを、生涯にわたって多方面に贈り続けた。外交上でも重要なポイントとなる贈り物。伊達政宗はどんなものを贈り物として使ったのだろうか？　政宗が自信をもってプレゼントした品々から、当時の仙台の名産品が浮かび上がってくる。

塩引の味、子籠の謎

伊達政宗がもっとも多く贈り物としたものは、おそらく鮭であろう。政宗が書き残した数多い手紙を読み解いていくと、毎年七月末から八月上旬（現在の太陽暦で換算すれば九月上旬）の「初鮭」に始まって、翌年春まで、「塩引《しおびき》」「子籠《こごもり》」といった鮭の加工品を、将軍や幕府の要人、親交のある大名・旗本、京都の公家などへ、毎年実にたくさんの数を贈っている。

一例を挙げれば、関ヶ原合戦が終わった後の慶長五（一六〇〇）年一二月、上方に滞在中の徳川家康・秀忠親子とその重臣らに政宗が贈った鮭は一〇〇本以上にのぼっている。天下分け目の戦いが終わった後とは言え、九州や東北ではまだ西軍との睨み合いが続いているなかでのこと。不安定な政治情勢下ですらこれだけの数になるのだから、大坂の陣が終わって太平の世になってからは、政宗が毎シーズン贈った鮭の数は、おそらく千本以上にも及んだであろう。

「塩引」とは、言うまでもなく塩漬けにした鮭＝塩鮭のこと。厳密に言えば、「塩引」とは塩漬けした魚を指すので、鮭以外の「塩引」もあり得るが、東北地方で「塩引」と言えば、鮭のことを指すと言って過言ではないだろう。

塩引のなかでも、雌の鮭を用いて、腹に卵（筋子）を詰めたままのものをとくに「子籠」と称した。「子籠」の製法はほとんど断絶してしまったが、古い文献によれば、筋子を取り出さず塩漬けにする製法と、筋子を取り出して身と筋子を別々に塩蔵した後に筋子を身に戻す製法、さらには身を塩蔵した後に燻製にする製法など、幾つかの技法があったようだ。仙台藩では、

子籠鮭の切り身（複製）
（写真提供／大崎市教育委員会）

筋子を取り出さずに塩漬けにしたようで、領内の平泉、横川（石巻市）、閖上《ゆりあげ》（名取市）、蒲崎《かばさき》（岩沼市）などに子籠や塩引を加工し保管する施設が設けられていた。

この子籠、製法も謎が多いが、食べ方もどのように熱を通すのか（筋子に熱が入ったら、おそらく味が落ちる）など、謎が残る。

かつて藩が塩鮭や子籠を作らせた岩沼市蒲崎で、子籠を再現しようとする活動が数年前から始まったと聞く。政宗自慢の贈り物が復活し、その謎が解き明かされることを期待したい。

夏の鱒と鮎、冬の鱈

政宗が贈り物に使った魚は他にも数多い。夏から秋にかけ、政宗は川に赴いて魚を獲る川狩を好んで行ったが、その獲物となった鱒《ます》と鮎も格好の贈り物となった。現在と違って冷蔵することができないので、その多くは「鮓《すし》」とされた。「鮓」とは、塩と麹に漬け込み、発酵させることにより、旨味を増しながら保存性を高めた「なれずし」のこと。現在この製法は一般的でな

「鱒」とは一般にサクラマスのことを言う。渓流魚のヤマメが海に下り、約一年後にヤマメの数倍の大きさとなって川に戻ってくる（写真提供／戸澤直彦）

くなったが、秋田のハタハタ寿司や滋賀の鮒寿司などがその命脈を保っている。

冬の東北地方沿岸では、鱈が産卵のために海岸近くに寄ってくる。この白身の魚も、冬の北国ならではのものとして政宗は好んで贈り物とした。普通は塩漬けにしたものを用いているが、時には「無塩《むしお》」すなわち生の鱈を贈っている。「昨日国元で獲れた初鱈が届いたので差し上げます」と江戸に滞在中の政宗が書いた手紙がある。朝に水揚げされて翌夕方に贈り先へ届けたとしても三〇数時間。仙台と江戸の距離は約三七〇キロメートルであるから、時速一〇キロメートル以上という当時としては驚異的なスピードで政宗は初鱈を取り寄せたのである。

ちなみに、初鮭を将軍に献上する際も、塩蔵の処理は施さず、生鱈と同様に猛スピードで運ばせている。どのような運送体制を採ったのかは不明だが、とにかく北国の魚を生で江戸へ届けることができた時の政宗の自慢ぶりが目に浮かぶようである。

狩りの獲物

政宗は川狩だけでなく、鷹狩や鉄砲を用いた狩りを大変に好んだことも良く知られている。そしてその獲物もやはり恰好の贈り物としても用いられたのである。

政宗自身の獲物としては、鷹狩での雁《がん》や菱喰《ひしくい》、鶉《うずら》などが贈り物としてよく用いられたし、鹿肉を贈った記録も残されている。

また、自身が獲ったものではないが、鶴や白鳥も重要な贈答品であった。重要な人物を招いての宴席では、鶴や白鳥を用いた吸い物が良く出された。当時としては最高級の食材であったが、現在は白鳥も鶴も狩猟を禁じられており、その味を確認することができないのは残念である。

こうした狩りに用いる鷹も、重要な贈り物であった。東北地方は古くから鷹の産地として知られていた。江戸時代半ばの記録によると、仙台藩では鷹の調教や飼育をする鷹匠を二〇〇家以上も召し抱えていた。それだけ多くの鷹が藩内で捕獲・調教され、なかでも抜群の鷹は徳川将軍への最高の献上品となったのである。

伊豆沼の白鳥と菱喰。政宗が鷹狩の獲物とし、贈り物にもよく用いた菱喰は、カモ科マガン属のやや大型の渡り鳥。現在は国の天然記念物に指定されており、狩猟は禁じられている（写真提供／狩野博美）

領国の物産

政宗が贈り物としたのは、狩猟に関するものだけではなかった。

例えば紙。政宗はしばしば国元の「鼻紙」を贈り物とした。「鼻紙」とは現在のティッシュ・ペーパーとは違い、厚手の上質なもので、懐紙のようにも用いたものである。産地を特定することは難しいが、現在も命脈を保っている柳生《やなぎう》和紙である可能性が高い。柳生（仙台市太白区柳生）の紙生産は、政宗が伊達郡から技術者を移住させたのが始まりとも伝えられ、実際、柳生村に対して租税を一部免除する代わりに年間一万三千帖もの「鼻紙」を上納することを命じた政宗の文書がある。政宗は自ら決裁して、贈り物に使う紙の調達を図ったのだ。

同じように政宗が自ら気にかけた贈り物がもう一つある。それは茶。政宗は若い頃から茶の湯を好み、江戸や上方に滞在している時はよく茶会を催し、茶の湯を通じた交友関係も広かった。そうした茶の湯仲間の一人である武家茶人桑山貞晴に政宗は国元産の茶を贈った。それに添えられた手紙に「自分の領地の茶はこれからもっと良くなりますす。奥州の宇治と呼ばれることになるでしょう」と政宗は記している。茶人相手に贈る茶であるから、政宗自慢の逸品であったことは疑いない。

政宗が贈り物として用いたのは、山の寺と称された洞雲寺（仙台市泉区山の寺）付近で産出した茶が多かったようだ。さらに政宗は、自分の目の届く仙台城下の東端に茶畑を作らせた。現在も「元茶畑」の地名が残るこの茶畑は、政宗が没した約三〇年後には廃止され、その面影は失われたが、ここで政宗は「奥州の宇治」を目指した茶の生産に取り組んだのである。

このように、政宗が贈り物として用いたものは、彼が治めた領地の産物であり、さらに政宗自身がその収穫などに関与したものが多かった。いわば、政宗のめがねにかなった自慢の逸品だったのである。

同時に政宗は、これらの物産を単に贈り物として用いるだけでなく、産業として発展させることも目論んだ。政宗にとって贈り物とは、対人関係を良好にするツールであると同時に、領国整備の果実でもあった。

政宗が贈り物としたものの多くは、宮城の物産としては忘れられようとしているが、地産地消が叫ばれる今日、復活する日を待ち望みたい。

【初出】前出「政宗が目指したもの」が掲載されていた『Ｋａｐｐｏ 仙台闊歩』では、伊達政宗生誕四五〇年を記念して平成二九（二〇一七）年八月発行の第八九号で「政宗の人間力」と題した大特集が組まれ、そこに掲載したもの。言ってみれば、「政宗が目指したもの」の番外編で、力まずに楽しく書けた原稿だった。

六　独眼竜の長寿法

政宗の持病

最近、伊達政宗に関するエピソードとしてしばしば注目されているのが、健康と食に関する分野。この分野については、確かな史料に基づいて、近年明らかになってきた逸話が多く、比較的信憑性があると思われる。

伊達政宗の墓所・瑞鳳殿が再建される際に墓室の調査が行われ、政宗の遺骨が見つかり、身長一五九センチメートル、血液型Ｂ型、やや面長の風貌で、左足に骨折が治癒した痕が確認された。骨折については、天正一七（一五八九）年、二三歳の時に落馬が原因で足を痛め、しばらく小野川温泉（山形県米沢市）に逗留して養生したという記録があり、それが事実であることが確認されたことになる。

このような、遺骨から確認できる特徴のほか、複数の史料で確認できる政宗の身体面の特徴として、長年にわたる持病を抱えていたことがわかっている。政宗はしばしば「虫気《むしけ》」で苦しんでいるさまを手紙に書き記していた。「虫気」とは、胃腸の不具合のことで、腹にいる虫が悪さをして痛みをもたらしているという考えからきた言葉。「虫気」で苦しんでいることを書いた政宗の手紙は、二〇代から晩年まで、政宗の生涯を通じて断続的に残っており、「虫気」が政宗の持病であることは家臣たちの間でも広く知れ渡っていたようだ。それを逆手に取った政宗は、前日に飲み過ぎて二日酔いになった際「今日は二日酔いで苦しいので、自分に会いに来た家臣は虫気だと言って帰すように」と側近に書いた手紙が残っている。虫気だと言えば家臣もみな納得するだろう、という政宗の作戦だった。

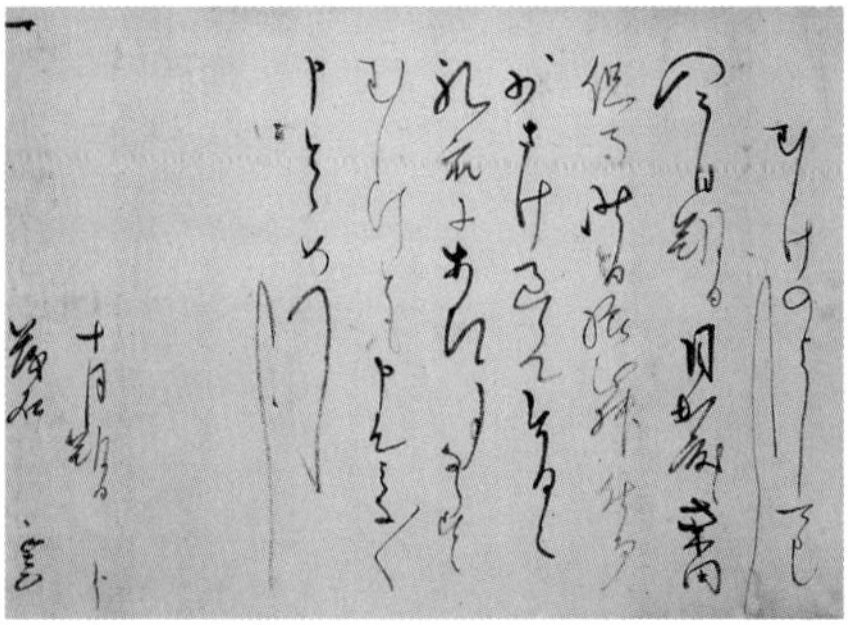
二日酔いなので「虫気」であると家臣たちに言うようにと重臣の茂庭綱元に命じた政宗の書状（仙台市博物館所蔵）

医術への関心

一生を消化器系の持病に苦しんだからか、伊達政宗は健康、そして医術に対して高い関心を持っていた。長寿の者を集めて、日常心がけていることを聞き出し、それによって水を日に何度も飲むようにし、周囲にも水を飲むことを奨めていたという。政宗は没する数カ月前まで、好んで鷹狩や「鉄炮野（鉄砲を用いた狩）」、夏場に川で鮎や鱒を獲る川狩に出かけたが、こうして身体を動かすことも、健康維持に重要な役割を果たしたことだろう。

それだけでなく、政宗は医学の知識も豊富であった。どのように習ったのかはわからないが、身近に仕える侍女が病気になった時に、政宗は自ら脈をとりながら問診し、どんな薬が良いか、処方箋を書いたこともあり、自身も脈診によって健康状態を不断に確認していたという。政宗は医術の基本的な知識をしっかりと身に付け、実践していたのである。医術に通じた戦国武将というと徳川家康が有名だが、政宗は家康に負けず劣らずの医術的知識を有していたことは間違いない。

高屋松庵が政宗から拝領したと伝える薬箪笥（個人蔵）

政宗がどのようにして医術に通じるようになったかは判然としないが、後半生には高屋《たかや》快庵《かいあん》やその甥の松庵《しょうあん》という医師が政宗に近侍し、医術にとどまらず、政宗の側近として仕え、高屋松庵は薬箪笥を政宗から拝領したりもしている。彼らとの日常的な交流が自然と政宗に医術の知識を身に付けさせたのであろう。

食へのこだわり

近年、テレビ番組などで伊達政宗を「グルメ大名」と紹介することが多い。伊達家の正月儀式の料理や、将軍を迎えた際に準備した献立を記した史料が幾つか残っており、その豪華さから「グルメ」と評しているようだが、これはある意味で的外れの評価である。伊達家は伝統ある武家の家柄であり、折々の儀式の際に室町時代に確立した武家文化の礼法に従った食事を供したのであり、将軍などの賓客に対して日本有数の大名として最大級の宴席を設けたまでのこと。例えば、海外からＶＩＰが来日し、総理大臣主催の晩餐会が行われれば、総理大臣の好みがどうであろうと、フルコースの料理が準備されるのと同じで、「グルメ」などという個人的嗜好とは関係がないことである。

実は政宗は「客を招く際は、たくさん料理を出せば良いというものではない。客の好みを承知したうえで、〝今日はこの一品を〟という料理を準備し、その料理の説明をしたり、自ら最後のひと手間をかけたりして客に出すのが本当の〝ごちそう〟というものだ」と側近に語り聞かせている。また、「料理心が無いというのは、つたないことだ」と言い、季節季節には知人に国元で捕れた鮎や鱒の鮓《すし》（塩と麹で漬けたもの）、鮭の塩引《しおびき》（塩鮭）や塩鱈を贈り、それに添えた手紙で食べ頃や食べ方についての注意を書き記している。自ら料理をするからこそできることだろう。季節のものを美味しく食べることの大切さを相手に伝えたいという政宗の気遣いを、こうした手紙は教えてくれる。「グルメ」という言葉が連想させる、珍しい食べ物、高級食材、豪華な料理というイメージとは違う、真に食にこだわった政宗の意識を、ここに見ることができる。

政宗は「朝夕の食事は分に従って食べるのが養生＝健康につながるものであり、時にも心にも合わないものは食べるべきではない」とも言っている。いろいろと解釈できそうだが、日頃から食事に関心をもち、時にあったもの、すなわち旬の食材を大事にし、あるいは体調に応じたものを自ら選んで食するべきで、無理に食べたくないものを食しても身体に良いわけはない、という意味だろうか。これは政宗流に「医食同源」を言いあらわしたもので、こうした意識で生活することで、政宗は七〇歳の長寿を保ったのであろう。

【初出】一般社団法人 人生１００年時代協議会のＷＥＢサイトに令和元（二〇一九）年に寄稿した原稿を加筆修正し、図版を加えた。なぜ政宗を指すのに「グルメ大名」などという薄っぺらい表現が横行するのか、常々政宗に同情していたので、書き終えて心が晴れやかになったことを覚えている。

七　伊達政宗のエピソードと人物像

伊達政宗にはさまざまなエピソードが残されている。また彼が書き残した手紙は、内容が判明しているものでも約四千通におよび、さらに側近が書き残した彼の言行、そして同時代に書き記された第三者の記録や文書によっても政宗の姿をさまざまに見ることができる。

しかし、中には歴史的に事実と認められない、あるいは明らかに後世の創作と思われるエピソードも少なからず存在し、世上に流布していることに注意する必要がある。

政宗のパフォーマンス

朝鮮出兵に際して京を出陣するにあたり、伊達政宗率いる伊達勢の軍装がいかにもきらびやかなことであったことから、派手なこと、粋なことを指して「伊達《だて》」と称するようになったというエピソードがある。京を出立した際の軍装が派手であったことは確かであるようだが、派手なことを指して言う「だて」の語はこれ以前にすでに成立していることが国語学の研究で古くから明らかにされており、この由来譚が事実でないことを明瞭に物語っている。

同じように周囲を「あっ」と言わせる政宗のパフォーマンスに関する逸話は幾つも見られる。小田原へ参陣した際に白い死装束で豊臣秀吉に対面したという話、葛西大崎一揆への加担を疑われて弁明のために上京した際に金の磔柱《はりつけばしら》を先頭に立てて行軍したという話、そして一揆と内通していることの証拠として政宗の書状を突き付けられた際に「自分のセキレイの花押には目を付けており、この書状の花押には目が無いので偽書である」と言い抜けたこと、等々。

実はこれらのエピソードは、いずれも政宗が没した後しばらくしてから作成された軍記物や逸話集に登場するもので、同時代史料や後世に編纂された記録類でも信頼性の高い史料には記されていない逸話である。最初の小田原における豊臣秀吉との対面について、仙台藩の正史『貞山公治家記録』は水引で髪を束ね「異風」に見えたと記すのみであり、また平戸藩四代藩主松浦鎮信《しげのぶ》が著した元禄九（一六九六）年成立の『武功雑記』は政宗自身の回顧として金襴の具足を着して対面したという異説を記している。後二者のエピソードについては、いずれも『氏郷記《うじさとき》』などに記される逸話である。金の磔柱に関しては、政宗の入京を記した公家の日記が幾つか存在するが（『晴豊公記《はれとよこうき》』『兼見卿記《かねみきょうき》』『時慶卿記《ときよしきょうき》』など）、いずれも淡々と政宗が入京した事実のみを記しており、磔柱に類することは記されていない。そして花押については、現存する政宗文書で花押に目と思われる痕跡のあるものは現時点では一点も確認されていない。『氏郷記』に記されている政宗のパフォーマンスは、後世の創作によるものと断定できよう。

同じように意表を突いた政宗の行動としてよく知られているのが、大坂夏の陣における伊達勢の「騎馬鉄砲」である。これは家臣の次・三男で強壮な者を馬に乗せ、鉄砲を持たせて集団で馬上から射撃をする部隊であると元文四（一七三九）年成立の『常山紀談《じょうざんきだん》』は記している。しかし大坂の陣当時の伊達家関係史料で、こうした部隊の存在を窺わせるものは確認できない。当時、銃身が短く馬上でも操作が可能な「馬上筒《ばじょうづつ》」と称される鉄砲は存在したが、そうした装備を有する騎兵を部隊として編成するという用兵思想は存在しなかったというのが事実であろう（拙稿「政宗を読み直す」時代考証学会・大石学編『伊達政宗と時代劇メディア』所収）。

創作されるエピソード

このように、耳目を引くような伊達政宗のエピソードの相当部分は、後世に創作されたものである。そうした後世の創作として広く世に広まっているものに、政宗の「遺訓」「五常訓《ごじょうくん》」がある。「仁に過ぎれば弱くなる」「義に過ぎれば固くなる」「礼に過ぎれば諂《へつらい》となる」「智に過ぎれば嘘をつく」「信に過ぎれば損をする」などの処世訓を政宗が言ったとするものである。しかし種部金蔵《たねべきんぞう》はこの「五常訓」の初出を、明治二七（一八九四）年刊の『好古叢誌』としている（仙台市民図書館編『要説　宮城の郷土史』）。また三原良吉は、同じ文言のものが、幕末に仙台関係の逸話などを集めた『源貞氏耳袋』に水戸の徳川光圀の遺訓（一ノ二十二）、紀伊の徳川治資の作（四ノ二十四）として収録されていることから、政宗の遺訓であることを明確に否定している（「貞山様遺訓なるもの」『仙台郷土研究』三巻五号）。

近年目立つのは、伝統性が強い年中行事や芸能、あるいは地域の特産品の由緒を政宗に求めようとするものである。主なものを列挙すれば、民謡「さんさ時雨」、近年地域芸能として盛んになっている「すずめ踊り」、仙台を代表する祭りとして知られる「仙台七夕」。食品では仙台味噌、ずんだ餅、はらこ飯などである。いずれも伊達政宗をその起源とする話は、江戸時代の史料では確認できず、多くが第二次世界大戦後に、まことしやかに広まったものである。

このうち「さんさ時雨」は、摺上原合戦の勝利を祝って政宗らが歌ったという起源譚が流布している。しかし、早くは藤原相之助がこの民謡は室町時代に発生し全国的に唄われていた小曲であると指摘し、近年では高倉淳が関連の文献を博捜し、やはり伊達政宗が起源ではないことを明らかにしている（ウェブサイト「高倉淳の宮城郷土史」）。

また仙台味噌については、朝鮮出兵時に政宗が携えた味噌のみが変質せず、仙台味噌の品質の良好なことが知れ渡ったという起源譚がある。しかしこれは昭和三〇（一九五五）年前後に突如として発生する逸話で、その典拠は未だに確認できない。政宗治世下の仙台城下で味噌の製造・販売が始まったことや、江戸時代の早い段階に藩用の味噌を製造・貯蔵する「御塩噌《ごえんそ》蔵《ぐら》」が仙台城近くに設置されたことは事実として認定できるが、仙台藩が味噌の生産拡大に特別な意を払ったり、味噌が仙台城下の名産品であった事実は確認できない。実は「仙台味噌」の名称や評判は江戸で高まり、明治に至って仙台に逆輸入されたものであった。

こうした起源譚は、近代以降に観光が大きな産業として成立する過程で発生しているように思われる。政宗をその行事や事物の起源とすることにより、観光客や市民に与える価値を高めようとする意図の下に行われた、起源譚の捏造と言ってよいかもしれない。

政宗の人物像

一方で、伊達政宗が残した多くの書状や、彼の言行を記した記録を始めとした多くの同時代史料によって、伊達政宗の人間像はかなり詳細に明らかになりつつある。

例えば、側近や家族宛ての手紙の文言から見られるように、心配りが細やかであるが、反面それは多くのことを自分自身で判断し、指示をしなければ気が済まないワンマン体質と表裏関係にある。折にふれて狂歌を詠むようなユーモアのセンスにあふれる一方で、怒った時の目は鬼のように恐ろしいものだったといい、鷹の捕獲や調教がうまくいかなかった時には自分も「迷惑」したと関係者を磔刑《たっけい》に処すという苛烈な一面もあった。歴史の表面には残りにくいが、為政者として、折々に「黒い」判断、過酷な処分を下したことがあったのは、当然であろう。

また政宗は、新しいもの、派手なものを好んだというイメージが強いが、幼少時より古来の文化をしっかりと身に付けてきたことを忘れてはならない。それは和歌や連歌、漢詩や古典文学を好み、茶の湯や能などの芸能にも深い関心を寄せたことにも表れている。『木村宇右衛門覚書』に数多く見られる故事来歴に関する知識と政宗自身のコメントも、彼の教養の深さを物語る。

武の面でも、具足や刀剣に一家言を持ち、鉄砲を好んで自らその選別を行い、稲富《いなとみ》流砲術の創始者である稲富一夢《いちむ》から免状を受けたように、武人としても資質十分だった。川狩や鷹狩、鉄炮野《てっぽうの》（鉄砲を用いた狩り）を好んだ元気者であったが、しばしば虫気《むしけ》（胃痛）に苦しみ、弱いのに好きな酒を飲み過ぎて乱れ、二日酔いに苦しむ様には、人間臭い一面をも感じさせる。

このように様々な側面を持つ伊達政宗の人物像は、史実に基づかない創作されたエピソードよりも、今に残る多くの史料が物語る実像の方が、より人々の関心を引きつけるように感じるのは思い過ごしであろうか。


【初出】「伊達政宗の領国統治」と同じく、仙台市博物館「特別展　伊達政宗　生誕４５０年記念」の図録に掲載された同タイトルの筆者の記名原稿を加筆修正したもの。仙台市史編さんに携わりながら分かってきた「通説」のいい加減さに斬り込んで、これも気分良く書けた原稿。なお、この方向性をさらに深めたのが千葉真弓さんで、千葉さんの『あやしい政宗伝説』（風の時編集部　令和元年）は政宗に関心がある向きには必読の書だ。

第三章

歴代藩主と仙台藩の政策

仙台藩歴代藩主の肖像画（所蔵は各頁に明記）

一　歴代藩主人物録

仙台藩の藩主は、藩内では「殿様」と呼ばれることはなく、「屋形《やかた》様」「御屋形《おやかた》様」と称された（なお、藩主正室は「御前《ごぜん》様」、藩主跡継ぎは「御曹司《おんぞうし》様」、前藩主は「大御屋形《おおおやかた》様」、前藩主正室は「大御前《おおごぜん》様」と称された）。この呼び方は、室町時代に有力な地位にあった由緒を持つ大名のみ使うことができた誇り高い称号だった。また仙台藩主は、その地位を継承すると、陸奥守、左《さ》近衛《このえ》権少将《ごんのしょうしょう》に任じられるのが例であり（齢を重ねると左近衛権中将に昇進することが多かった）、藩外では「陸奥守様」「奥州様」あるいは「仙台侯」「仙台少将」と称された。

伊達政宗から始まる仙台藩の藩主は、戊辰戦争の時までに一三人を数える。在任期間が長期に及ぶ藩主もいたが、江戸時代後期には一〇代から二〇代で亡くなる藩主が相次ぎ、印象が薄い者が少なくない。しかし、それぞれの藩主の生涯を追っていくと、藩主それぞれに個性があり、またその治績を確認することは仙台藩の歴史を俯瞰することにもなる。政宗以外の藩主の生涯がどのようなものだったのか、その治績を通観し仙台藩二六〇年の歴史をたどってみよう。あわせて、仙台藩の歴史に大きな足跡を残した多くの人物から、その時代の特徴を端的に示す一五人を選び、仙台藩政史の特色の一端を紹介したい。

仙台藩主略系図

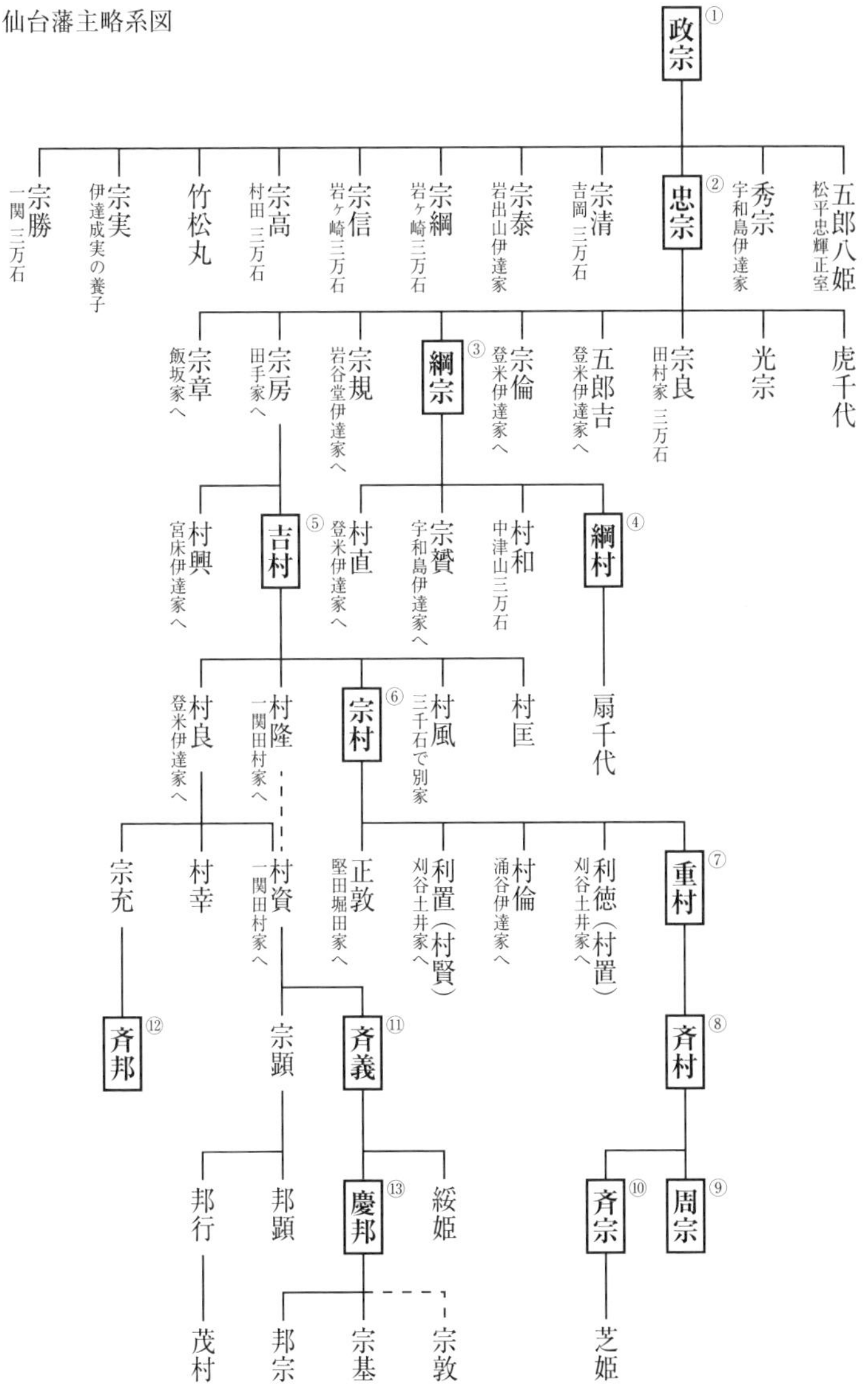

①政宗
宗勝 一関三万石
宗実 伊達成実の養子
竹松丸
宗高 村田三万石
宗信 岩ヶ崎三万石
宗綱 岩ヶ崎三万石
宗泰 岩出山伊達家
宗清 吉岡三万石
②忠宗
秀宗 宇和島伊達家
五郎八姫 松平忠輝正室
宗章 飯坂家へ
宗房 田手家へ
宗規 岩谷堂伊達家へ
③綱宗
宗倫 登米伊達家へ
五郎吉 登米伊達家へ
宗良 田村家 三万石
光宗
虎千代
村興 宮床伊達家へ
⑤吉村
村直 登米伊達家へ
宗贇 宇和島伊達家へ
村和 中津山三万石
④綱村
村良 登米伊達家へ
村隆 一関田村家へ
⑥宗村
村風 三千石で別家
村匡
扇千代
宗充
村幸
村資 一関田村家へ
正敦 堅田堀田家へ
利置（村賢） 刈谷土井家へ
村倫 涌谷伊達家へ
利徳（村置） 刈谷土井家へ
⑦重村
⑫斉邦
宗顕
⑪斉義
⑧斉村
邦行
邦顕
⑬慶邦
綏姫
⑩斉宗
⑨周宗
茂村
邦宗
宗基
宗敦
芝姫

二代藩主　伊達忠宗（一五九九〜一六五八）

次男ながら後継ぎに

伊達政宗の跡を継いで仙台藩第二代藩主となった忠宗は、政宗と正室愛姫の子として慶長四（一五九九）年一二月八日に大坂で誕生し、虎菊丸と名付けられた。

虎菊丸には八歳年上の兄・兵五郎がいた。忠宗が生まれた時にはすでに元服しており、豊臣秀吉からその一字を拝領し秀宗を名乗り、幼いながらも朝廷から従五位下・侍従の官位を与えられていた。豊臣秀吉の猶子《ゆうし》となったという説もある秀宗は、豊臣政権の下で優遇され、政宗の後継者として公認されていたことを示している。

しかし、虎菊丸が生まれる前年に豊臣秀吉が没し、虎菊丸誕生の翌年、慶長五年九月に起きた関ヶ原合戦を経て、徳川家康が天下の実権を握ることになる。そうすると豊臣政権で厚遇されていた秀宗はいかにも具合が悪い……。そこで政宗は後継者を秀宗から虎菊丸に変えることにした。秀宗の母が側室で、虎菊丸の母は正室だったことも好都合だったに違いない。

伊達忠宗肖像画（仙台市博物館所蔵）

慶長一二（一六〇七）年、家康の娘・市姫と虎菊丸の縁組が決まった。市姫は三年後に早世し、この縁組は実現しなかったが、代わりに家康は、孫娘である池田輝政の娘・振姫を養女とし（後に秀忠の養女に）、忠宗の婚約者とした。一方で慶長一四年に秀宗と井伊直政の娘の縁組が決まっている。忠宗の正室は徳川将軍の親族、秀宗の正室は将軍の家臣の娘と明確に差がつけられた。これは政宗の後継者が虎菊丸に決したことを公然と示す措置だった。

慶長一六年、虎菊丸は江戸城中で元服。二代将軍・徳川秀忠から「忠」の字を拝領して実名を忠宗とした。こうして虎菊丸改め忠宗は、次男ながら政宗の跡を継いで仙台藩二代藩主となることが約束されたのである。

二代目として

寛永三（一六二六）年、二八歳になった忠宗は左近衛権少将に任じられた。この地位は相当の有力大名でなければ就けない官職であり、政宗が同格の右近衛権少将に任じられたのも三一歳の時。まだ政宗は隠居していないが、少将任官により、忠宗は大名に準じる立場となったのである。この前年、忠宗は初めて仙台に入り、以後、政宗と入れ替わるように江戸と仙台を往復するが、これも大名に準じる扱いを受ける者として当然のことであった。

忠宗が藩主の地位に就いたのは、寛永一三（一六三六）年に政宗が七〇歳で亡くなった後のこと。すでに忠宗は三八歳になっていた。壮年になってもなかなか当主になれない焦燥感や不満はあったかもしれないが、忠宗がそうした不満を漏らした気配は全くうかがえない。じっと次に来るべきステージに向けての準備をしていたのであろう。当主の地位に就いた忠宗は、矢継ぎ早に藩の新体制構築に力を注入した。

まず忠宗は、藩の重役人事体制を決定した。他藩の家老に相当する奉行を六人選任したが、それは、政宗存命時の奉行から四人（石母田宗頼・奥山常良・中島意成《おきなり》・茂庭良綱）を留任させる一方で、忠宗側付きの重臣二人（津田頼康・古内重広）を新たに任命するというバランスのとれた人事だった。また奉行を補佐する評定役を新設し、ここにも政宗時代に奉行職にあった者（津田景康・遠藤玄信《はるのぶ》）と自分に近い者（古内義重・鴇田周如《かねゆき》）を配して、さらに仙台藩を代表する家臣として他藩にも名が知られる片倉重綱を加え、前代からの政策の継続と新たな施策の推進の調和を図ろうとしたことが明白に見てとれる。加えて財政や民政を専門に担当する役職として出入司《しゅつにゅうつかさ》を新設し、山口重如《しげゆき》・和田為頼（後に真山元輔や武田貞信なども）を任じた。

この新しい体制の下で、仙台城二の丸の建設やさまざまな規約の整備が行われ、寛永一七年から同二〇年にかけて行われた領内全域に及ぶ検地（寛永検地）、さらにその検地と連動した租税制度の体系化などが推進され、政宗が築いた仙台藩の基盤はさらに強固なものとなった。

万治元（一六五八）年に六〇歳で没するまで、藩政の確立に重要な役割を果たしたと言える。

やはり政宗の子

「守成《しゅせい》」という語で語られることの多い忠宗は、一方で武術や馬術を好んだが、どうしても父政宗に比べて地味な印象が強い。政宗と異なり和歌も得意ではなかったと言われる忠宗だが、実は面白い作品も残している。「里遠き　深山《みやま》の庵《いおり》　傾きて　月に問わるる　墨染めの袖」というおそらく自作の和歌を、「里」の字を紙の右端に離して書いて「里遠き」、斜めに書いた「庵」の字で「庵傾きて」、「月」の字を二つ並べて「月に」、「登（＝と）」を円で囲んで「問わ」、「袖」の文字に墨汁を散らして「墨染めの袖」を表現するといったユーモアあふれる書き方をしたものが残っている。政宗も折々に狂歌を詠んだことで知られているが、そうした政宗のＤＮＡはしっかりと忠宗にも受け継がれていたのだ。

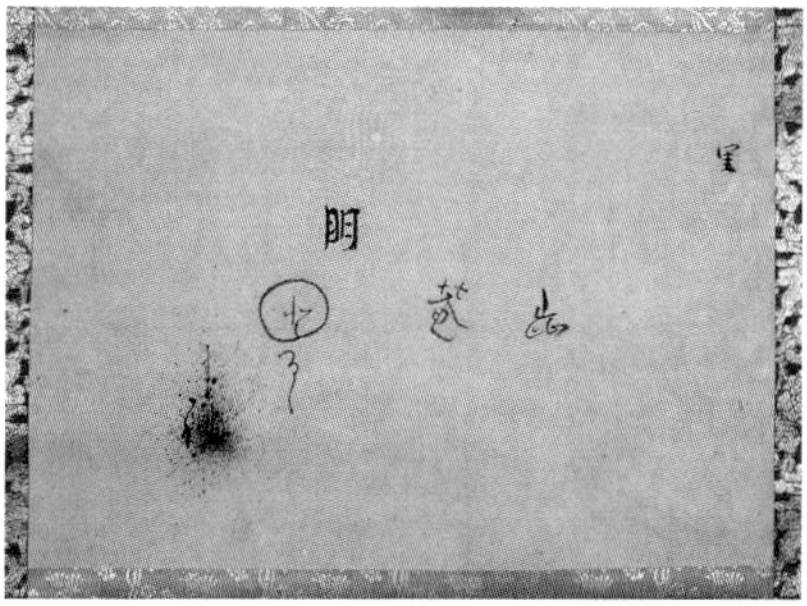

和歌「里遠き」を記した伊達忠宗自筆の書
（仙台市博物館所蔵）

コラム

仙台藩を知るための15人❶

古内主膳重広（一五八九〜一六五八）

大満寺（仙台市泉区）に残る古内重広の像（写真提供／大満寺）

古内主膳重広は、二代藩主伊達忠宗の治世を支えた最大の功労者として知られている。

馬術の腕を見込まれて二〇歳で伊達家に召し抱えられた重広は、忠宗付きの家臣に抜擢された。剛直でありながら、他人の忠告をよく聞き入れる謙虚な人柄もあり、しだいに頭角をあらわし、周囲の信望や忠宗の信任を得て、忠宗の側近ナンバー1となった。伊達政宗が没して忠宗が跡を継ぐと、重広は藩の奉行に加えられ、政宗治世以来の奉行の有力者である石母田宗頼や茂庭良綱らと協調しながら藩の組織や制度の整備に努めた。

重広は仙台領南部の要衝である名取郡岩沼城を与えられ、加増や新田開発により知行高は最終的に約一万五千石にまで増えている。抜擢人事が少なくなかった仙台藩においても、新参の藩士で一代にして奉行に上り詰めたのは古内重広のみである。実は重広、伊達政宗の叔父国分盛重の遺児、つまり政宗の従兄弟にあたる人物だった。戦国時代に宮城郡を治めた国分氏の養子となった盛重は、関ヶ原合戦の数年前に出奔して佐竹氏の許に身を寄せた。伊達領に残された重広は、国分氏旧臣の古内家に養われて、その家を継いだ後に仙台藩士となったのである。新参にもかかわらず累進を重ねたのは、忠宗の厚い信任に加え、藩主の血筋に連なっていたことも何らかの影響があったのであろう。

古内重広は、万治元（一六五八）年、忠宗が没すると、その跡を追って殉死した。七〇歳であった。

三代藩主　伊達綱宗（一六四〇～一七一一）

幻の藩主

二代藩主忠宗の長男虎千代は七歳で早世したため、二男万助（万千代）が後継者と目された。幼少の頃から文武に優れていた万助は、寛永一六（一六三九）年に江戸城中で元服した万助は、三代将軍家光から一字を拝領して光宗と名のった。寛永二〇年には一七歳で従四位下・侍従に任じられている。

正保元（一六四四）年一〇月、仙台に初入国を果たした光宗は、父忠宗の代わりに国元での様々な行事をこなし、さらに牡鹿半島での狩りでは九百頭以上の鹿を自ら仕留めるなど、評判にたがわぬ貴公子ぶりを発揮し、藩内の人々の期待を集めた。しかし、翌年二月に江戸に戻った光宗は、その年の夏に病を発し、療養の甲斐なく九月四日に一九歳の若さで落命してしまった。光宗の死をめぐっては、その英邁さを恐れた幕府によって毒殺されたという話が後年流布したが、もちろん俗説である。

伊達綱宗肖像画（瑞巌寺所蔵）

光宗が没した時点で、忠宗の男子としては、三男の亀千代、四男の五郎吉、五男の辰之助、六男の巳之助、七男の藤松丸が誕生していたが、亀千代は重臣鈴木家の養子となっており（後に田村家を再興し、田村宗良を称する）、五郎吉は登米《とよま》伊達家の養子となった後に寛永二一年に早世している。残る辰之助・巳之助・藤松丸は幼少であり、忠宗もまだまだ壮健だったことから、後継者問題はしばらく棚上げとなった。

若くして亡くなった伊達光宗の霊廟、円通院の三慧殿（宮城県松島町）

不安を抱かれながらの襲封

その後、辰之助は同母兄である五郎吉の後釜として登米伊達家を継ぐことになり（後の宗倫《むねとも》）、藤松丸も一門伊達国隆（岩城氏の末裔）の養子となる（後の宗規《むねのり》）一方、巳之助は養子に出されることなく、忠宗正室振姫の猶子として育てられた。これは、巳之助の母貝姫が巳之助を産んで僅か一年半で早世したことを憐れんだ振姫が、巳之助を自分の子として養育することを望んだことによる。

なお、振姫の出自について、京の公家櫛笥《くしげ》家の出身で、貝姫の実姉が後水尾天皇の側室となり後西天皇を産んだことから、後西天皇と巳之助＝綱宗は従兄弟となるということが言われてきたが、年齢などに矛盾する点があり、近年の研究では否定されている。

承応三（一六五四）年一二月、一五歳になった巳之助は元服し、四代将軍家綱の一字を拝領して綱宗を名乗り、従四位下・侍従兼美作守に叙任された。これは幕府が綱宗を忠宗の後継者として公認したことを意味した。しかし、ことは簡単ではなかった。綱宗は日頃の素行が悪く、周囲の者や忠宗が注意しても、大きな改善が見られず、ついに忠宗は綱宗を廃嫡することを考えるようになった。

そうしたなか、万治元（一六五八）年、忠宗は後継問題を明確にしないまま病床につき、容態は次第に重篤になった。そこで筆頭奉行の茂庭定元が病床の忠宗と面談し、ついに綱宗を後継とすることが決した。七月一二日に忠宗が六〇歳で没すると、綱宗は仙台藩第三代藩主の座に就いた。

翌年初入国した綱宗は、当初は政務に精励し、周囲に期待を持たせたが、再び素行が悪化。江戸に戻った万治三（一六六〇）年にはその不行跡は藩外にも知られるようになり、心配した老中や親戚大名が注意したものの、素行は一向に改まらなかった。

ついに仙台藩の一門と奉行衆は親戚大名で後見的立場にあった柳川藩主立花忠茂らと語らって、綱宗の身柄を拘束し、幕府に綱宗隠居を願い出た。幕府もこれを認めて綱宗に逼塞を命じた。立花や仙台藩重臣たちは生まれて間もない綱宗の長子亀千代を跡継ぎとすることを願い出て受理され、綱宗は在位二年、二一歳で隠居の身となった。

以後、綱宗は、正徳元（一七一一）年六月四日に七二歳で没するまで、品川の仙台藩下屋敷で長い隠居生活を送ることになる。しかし、まだまだ若い綱宗にとって、隠居生活と言っても、決して侘しいものではなかった。長男亀千代を産んだ側室三沢初子との間に二人の男子が生まれたほか、六人以上の側室との間に三人の男子と一〇人の女子が生まれている。宝永元（一七〇四）年に生まれた末娘は、綱宗六五歳の時の子であった。

また綱宗は多趣味で知られ、絵を狩野探幽に学んだほか、作刀や彫刻、漆器製作にも通じて多くの作品を残し、また和歌や書などの文学にも通じた。酒を好んだこと、多趣味なことは、なにか祖父政宗と通じるものを感じさせる。

綱宗の不行跡は、仙台藩に伊達騒動という大きな混乱をもたらすことになる。その意味で、彼の行動にプラスの評価を与えがたいのは事実である。しかし、英雄と評される政宗も、後半生では、時に酒の上での粗暴なふるまいが江戸の評判になっており、謹直な人物と評される父忠宗も若い時は辻斬りを行ったりしたことがあるという。政宗が綱宗の代わりに生まれたら、綱宗のようにならなかったとは断言できないし、綱宗も生まれた時代や立場が違えば、全く違う評価を得たかもしれない。人の評価は全く難しいものである。

伊達騒動①　事件の経過

三大御家騒動

日本三大御家騒動の一つに数えられるように、伊達騒動＝寛文事件は仙台藩の歴史を語る上で欠かせない出来事である。しかし、その事件の経過や背景は複雑で、事件の真相をめぐっては古来さまざまな解釈が出されてきた。その中では、明治期に関連史料を広範囲に調査してまとめられた大槻文彦の『伊達騒動実録』と、それまで主流だった解釈とはまるで違う新しい見方を提示し、ＮＨＫ大河ドラマの原作となった山本周五郎の小説『樅ノ木は残った』がとくに有名である。伊達騒動をめぐる諸説を検討する前に、まず事件の経緯を簡潔に確認しておきたい。

綱宗の隠居

事件は、万治三（一六六〇）年に始まる。仙台藩三代藩主伊達綱宗の放蕩が目にあまるようになり、幕府老中や親族大名の注意、藩重臣の諫言も効果なく、不行跡は改まらなかった。同年七月、ついに親族大名と藩重臣は幕府に綱宗の隠居と嫡子亀千代への家督相続を願い出て、これによって綱宗は隠居に追い込まれ、わずか二歳の亀千代が藩主となった。

幕府は、仙台藩一門で、亀千代の大叔父にあたる伊達兵部少輔《ひょうぶしょうゆう》宗勝と伯父の田村右京大夫《うきょうのだいぶ》宗良を後見に指名して藩政を管掌することを命じ、それぞれに仙台藩から三万石を分与することとした。こうして後見、とくに伊達宗勝が中心になった藩政が開始されたが、宗勝は目付役を重用し、藩内の綱紀粛正を推し進める方針で藩政に臨み、その政治姿勢が藩内で軋轢を生むようになった。とくに激しく対立したのが奉行の奥山大学常辰だった。

後見伊達宗勝の強権政治

二代藩主忠宗治世の末期から綱宗治世下においては、茂庭周防定元が筆頭奉行として藩政を束ねていた。しかし綱宗の藩主就任に大きな力があったことなどから、綱宗隠居の翌年に辞職。代わって奥山大学常辰が奉行筆頭となったが、この奥山常辰と伊達宗勝が事あるごとに対立するようになった。

とくに奥山は、伊達宗勝・田村宗良が領地の支配や幕府への献上品などについて、独立の大名並みに行おうとしたことに強硬に異議を唱えた。両後見は、仙台藩の家臣ではあったが、江戸屋敷を与えられ、また江戸城への登城を許されるなど、幕府からは大名として待遇されていたことから、その格に従おうとしたのであった。しかし奥山は、あくまでも後見の二人は仙台藩の家臣であり、その行為は適切ではないと主張し、最終的には老中酒井忠清の裁定により奥山の言い分が認められる結果となった。問題は解決したが、逆に伊達宗勝と奥山常辰の対立は深まった。自己の主張が老中に支持されたことなどから、奥山は独断専横と受け止められかねない行動が目立つようになり、多くの藩士から反感をかうようになった。これに乗じた伊達宗勝は、寛文三（一六六三）年七月に奥山を更迭、ふたたび藩政の主導権を確保した。

宗勝の政治方針は、綱紀粛正を強調して、混乱する藩内を治めようとするものだった。一方で、目付の重用や強圧的な姿勢が目立ち、宗勝の意に反し藩内では次々に紛争が発生した。

寛文六（一六六六）年には藩主亀千代の毒殺を図ったとして医師・河野道円が処刑される事件が起き、翌年には仙台城内での儀式で通例と違う席次が強行されたことに端を発し、重臣の伊東家関係者と奉行が対立。奉行の背後に伊達宗勝があると考えた伊東七十郎が宗勝暗殺を企てて発覚し、伊東家関係者の多くが重罪に処せられるという事件も生じた。

こうした事件や役目上の不手際などで、宗勝が後見になってから約一〇年の間に重罪に処せられた藩士は一二〇人以上にも及んだという。これは以前に比べて数倍にのぼっており、その処分の是非にもさまざまな意見があり、藩内には宗勝の強権政治への恐れやその政治姿勢に対する疑心暗鬼の雰囲気が満ちあふれるようになった。

谷地相論から刃傷事件へ

寛文七（一六六七）年、藩重臣同士による大きな対立が表面化した。共に一門の家格にある涌谷伊達家の伊達安芸宗重と登米伊達家の伊達式部宗倫《むねとも》が、新田開発を行う谷地《やち》（未開発の湿地）の帰属をめぐって相論が発生したのである。問題は藩へ提訴されたが、事を表面化させたくなかった奉行が決着を先延ばしし、ようやく寛文九年に至り、年長者である伊達宗重に譲歩させる内容の裁定が、幕府老中酒井忠清の了解を得て下された。当事者双方、不満を残したまま裁定に従ったが、現地で藩役人による境界画定が行われた際に、不手際や不公平な判断が続出してしまった。これを後見伊達宗勝の悪意によるものと受け止めた伊達宗重は、ついに幕府へ訴える挙に出た。

伊達宗重は、谷地配分の不公正にとどまらず、その背景に後見伊達宗勝の強権的で不公平な政治姿勢とそれに追従する奉行の悪政があると指弾。ついに宗重の訴えは幕府老中が審議することになった。

寛文一一（一六七一）年、伊達宗重と奉行衆は江戸に召喚され、取り調べが進められ、三月二七日には関係者を集めた審問が大老酒井忠清邸で行われた。審問が行われている最中、別室に控えていた奉行の原田甲斐宗輔が突如として伊達宗重を斬殺。さらに審問の場へ乱入しようとして、奉行の柴田外記《げき》朝意《ともおき》、聞番の蜂屋六左衛門可広《よしひろ》と斬り合いになり、事情をわからない酒井家の家臣によって原田・柴田・蜂屋が斬り殺されるという凄惨な刃傷事件となった。

事件の処分

事件後、幕府はすぐに、藩主は幼少で責任はないとして、仙台藩を存続させることを決定した。最終的に、後見の伊達宗勝と田村宗良が責任を問われて、伊達宗勝は高知藩へお預け、田村宗良は閉門処分とすることが幕府から命じられ、伊達宗勝の政治を支えた目付らも家禄没収のうえ他藩へのお預けなどの処分を受けた。刃傷に及んだ原田宗輔の子息は切腹となり、原田家は断絶となったが、一方で伊達宗重・柴田朝意・蜂屋可広は忠義の臣として、跡継ぎに対して家名存続が許される結果となった。

すでに元服を済ませていた亀千代改め伊達綱基は、宇和島藩主伊達宗利・柳川藩主立花鑑虎《あきとら》と相談しながら藩政を見るようにと幕府から命じられた。しかし、まだ一二歳であったため、藩政は奉行生き残りの古内志摩義如《よしゆき》と、幕府の特命で奉行に就任した片倉小十郎景長が総括し、事件の事後処理を進めることになった。

伊達騒動②　事件の評価

さまざまな評価

伊達騒動については、古くからさまざまな解釈がなされてきた。江戸時代は、伊達宗勝や原田宗輔が悪人で、伊達宗重は藩を救った忠臣という見方が大勢を占めていた。しかし近代に入ると、歴史研究、文学、映画やテレビドラマなど、幅広い分野でさまざまな解釈がされるようになった。とくに有名なのは、山本周五郎の小説でテレビドラマ化された『樅ノ木は残った』で、原田宗輔は老中酒井忠清と伊達宗勝の陰謀を知り、その実現を阻止するためにあえて伊達宗勝に近づき、最後は身を捨てて藩を守った、という解釈である。作品が、多くの読者、視聴者から支持を得たこともあり、この説は広く認知されるようになったが、歴史研究者の間では、解釈に無理な面があると否定的な意見が多いようだ。

このほかにも、三代藩主綱宗の隠居について、朝廷と仙台藩の接近を嫌った幕府側の思惑による政治的な措置であるとか、仙台藩分割を狙った幕府側の陰謀であるなどの説が古くから言われている。こうした説を一つ一つ検証すると、優に大部な研究書が出来上がってしまう。ここでは、主だった幾つかの説について、詳細な検証については後日の宿題としながら、私なりの見方を概括的に提示しておこうと思う。

綱宗隠居をめぐって

伊達綱宗が藩主在位二年で隠居に追い込まれ、二歳の亀千代が跡を継いだことについては、ほぼ決着がついている。これはあくまでも綱宗の個人的な行状が原因であることが明白だ。

二代藩主忠宗の跡継ぎであった光宗が没した後、六男巳之助（後の綱宗）が跡継ぎとされた。兄がいたにもかかわらず、巳之助が跡継ぎとされたのは、巳之助の母貝姫が公家の櫛笥《くしげ》隆致《たかむね》の娘だったからだとされている。貝姫は身分を隠して商人の仲介で忠宗の側室になったが、巳之助を生んだ一年半後に病没し、死の間際に自分の出自を明らかにしたのだという。しかし、この話はフィクションであることが平川新氏によってすでに明らかにされている、貝姫は寛永元（一六二四）年の生まれとされるが、父親とされる櫛笥隆致は一一年前、慶長一八（一六一三）年に五八歳で没している。おそらく事実としては、櫛笥家関係者の娘が伊達家に奉公したところ、忠宗の目にとまり、巳之助を産んだ。その巳之助が藩主になるにあたり、氏素性も知れぬ娘が生母ではまずかろうという仙台藩側の面子《めんつ》と、大名家の親族になればメリットがあると見た櫛笥家側の思惑が一致して、貝姫を櫛笥家の姫とするファンタジーが成立したのであろう。

貝姫の父とされた櫛笥隆致の娘隆子、つまり貝姫の「姉」は、後水尾天皇の後宮となり、後西天皇（在位　承応三年＝一六五四年〜寛文三年＝一六六三）を生んでいる。伊達綱宗が若くして隠居に追い込まれたのは、後西天皇と綱宗が従兄弟関係にあることを嫌った幕府の意向によるという説があるが、これも信ずるに足りない。櫛笥隆致の孫娘が高知藩主山内忠義の後室になっているが、山内家に対してそうした幕府からの圧力があったという話はない。

そもそも、巳之助あらため綱宗は、若年の頃から過度の飲酒など素行が悪く、忠宗は最後まで藩主の座を譲ることをためらっていた。忠宗の死去により藩主となった当初は公務に精励した綱宗だったが、襲封一年半を過ぎる頃から再び行状が悪化し、老中や親族大名、重臣たちの忠告・諫言に耳を貸さず、このままでは藩の存亡にかかわるとして強制的に隠居させられたのであって、政治的な陰謀がからむことではなかったのは明白である。

仙台藩分割の陰謀説

伊達綱宗の隠居については、日本有数の外様大名である伊達家の勢力をそぐため、幕府が分割を企んだことに起因するという説もある。三〇万石を伊達宗勝、立花家に一五万石を与え、残りを田村宗良や片倉景長らに分与するという「密計」が酒井忠清・伊達宗勝の間で取り交わされ、その実現を図るために綱宗を隠居に追い込んだのだというのである。

しかし、この話も、綱宗が隠居に追い込まれたのは綱宗自身の不行跡が原因であって、そこに至るまで、親戚大名が何度も忠告し、重臣らも諫言を試みていることが、平川新氏らの研究によって明白にされ、すっかり色あせたと言ってよいだろう。

そもそも、すでに幕府は大大名を取り潰すという政策を放棄していた。大名を取り潰せば、即座に浪人問題が発生し、大きな社会不安につながるからである。また藩主の不行跡が原因で処分される場合、知行の大部分を没収されるのが普通であり、親族や重臣に知行を分割したという例はない。伊達騒動が起こった一七世紀半ばは、幕藩体制が安定し、政治的な判断は先例が重視されるようになっている。そうしたなかで、不行跡を理由に藩主を隠居させて関係者で分割しようという発想そのものが、当時生まれてくるとはとうてい考え難いのである。

騒動の人物像

伊達騒動のなかで、老中酒井忠清はもっぱら悪役のように受け止められることが多い。しかし、関係史料をつぶさに見ていくと、酒井は仙台藩の重臣や親戚大名からしばしば相談を受け、むしろ仙台藩の存続に協力的であったという正反対の印象をうける。

また酒井忠清とともに悪役の印象が強い伊達宗勝は、後見となった後は藩士に対して厳しい処罰を科すことが多く、目付役などにある側近を重用し、強権的なイメージがあることはたしかである。奥山常辰に指弾されたように独立の大名としての体面を保とうとしたことも自己中心的な印象を強くし、仙台藩を分割に持ち込んで三〇万石の主となろうとしたと言われても「宗勝ならばあり得る」と思わせてしまうかもしれない。ただ私は違う印象を持っている。後見を命じられたからには、規律が緩み、混乱している藩を立て直したい、宗勝はその一念で綱紀粛正の方針を貫き、厳しい処分を下し続けたのではないだろうか。結果的に、有能・無能を問わず、宗勝の周囲には彼の方針に従順な者が集まって派閥が形成され、それ故に逆に宗勝は藩内で孤立を深めていった。ついには、刃傷事件という思わぬ展開に至ってしまい、失脚に追い込まれる。なにか悲劇のようなものを宗勝に感じてしまうのは、ひいき眼であろうか。

その刃傷事件を引き起こした原田宗輔、原田を止めようとしてともに落命してしまった柴田朝意、そして唯一の生き残りとなった古内義如。この三人の奉行については、高い点を付けることはできない。伊達宗勝に積極的に与同したのか、消極的にその方針に従ったのか、その政治姿勢は三人三様であるが、少なくとも藩内に充満していた閉塞感や対立について、正面から向き合って有効に対処したとは評価できない。それがはっきりと見えるのが伊達宗重と伊達宗倫の谷地相論である。事を表沙汰にしたくないという消極的理由で、だらだらと時を費やし、かえって宗重・宗倫両人の怒りを増幅し、事件を大きくしてしまった感がある。その後も、谷地配分の現場で発生した不手際を適切に対処することなく、伊達宗勝の顔色をうかがいながら漫然と対応したため、結果的に伊達宗重の幕府への上訴という事態を招いてしまった。現代風に言えば、危機管理能力に欠けていたとしか言いようがない。とても山本周五郎が描いたように、深遠な洞察力と自己犠牲に裏打ちされた行動と読みとることは私にはできない。原田が刃傷に及んだのは、結局は一連の流れのなかで有効に対処できなかった点を老中に突かれて進退きわまり、一種のパニック状態に落ちいったうえでの行動だったのではないだろうか。

伊達騒動とは

複雑怪奇な様相を呈する伊達騒動を、私なりに短く言い表すなら、以下のようになる。有能だが独善的な気質の伊達宗勝が後見として藩政を切り盛りしようとし、その周囲に有力な与党が形成された。本来、藩政を管掌すべき奉行は、ある者は宗勝と対立して排除され、ある者は宗勝の政策に追従するなかで、宗勝の綱紀粛正方針や宗勝の権力が大きくなることに反感をもった勢力が断続的に登場して困乱を極めた御家騒動。いかがだろうか。

富田壱岐氏紹（一六二六～一七〇五）

仙台藩最大の政治的事件であった伊達騒動の間、藩主であった亀千代（後の伊達綱村）は幼少であり、事件に関わることはなかった。事件の間、亀千代はとくに選ばれた四人の懐守《だきもり》に守られて育った。選ばれたのは、大松沢実泰（三九八石）・富田氏紹《うじつぐ》（一二〇石）・橋本高信（二〇〇石）・日野信安（三〇〇石）、いずれも人格を認められた中級藩士であった。藩内が大きく動揺するなか、四人の懐守は亀千代の養育に励み、事件が終結して三年後の延宝二（一六七四）年にはそれぞれ三〇〇石を加増され、綱村の政権を支える要職に就いた。

四人の懐守のなかで、もっとも重用されたのが富田壱岐氏紹である。言葉は少なかったが、常に身をもって正しい行いを実践し、幼君に誤りがある時は甘やかさずにこれを正したので、亀千代も懐守のなかで富田を最も信じたという。側近を統括する近習頭に抜擢された富田は、側詰《そばづめ》、若年寄と累進し、ついに天和二（一六八二）年に奉行に任じられ、元禄五（一六九二）年に辞するまで綱村の治世を支えた。

氏紹の子壱岐紹実《つぎさね》も奉行として綱村・吉村の二代に仕え、その子孫に、一三代藩主慶邦の時に奉行となった壱岐実保《さねやす》、幕末期に若年寄として人望を集めた小五郎実文《さねふみ》が出ている。また、日本銀行の第二代頭取や東京府知事、貴族院議員を務め、日本近代の金融政策の確立に尽力し、その誠実な人格で各界に知られた富田鉄之助は、小五郎実文の弟である。

菩提寺の真福寺（仙台市若林区）に残る富田氏紹の墓石（写真：筆者）

四代藩主　伊達綱村（一六五九〜一七一九）

わずか二歳の幼君

不行跡で隠居に追い込まれた綱宗の跡を継いで、第四代藩主となったのが亀千代、後の伊達綱村である。万治二（一六五九）年三月八日に綱宗の長男として江戸で誕生した。母は綱宗の側室三沢初子。父綱宗が強制隠居に追い込まれたことにより、万治三年八月にわずか二歳で藩主の座に就いた。二歳といってもこれは数え年なので、いま風の満年齢であれば一歳五ヶ月。当然、藩政を見ることは叶わないために、幕府の命により政宗の一〇男伊達兵部少輔宗勝（一六二一〜七九）と伯父にあたる田村右京大夫宗良（一六三七〜七八）が後見として藩政を見ることになった。この後見政治をめぐって藩内で生じた政争が寛文事件、伊達騒動と言われるお家騒動であるが、その経過についてはここでは割愛する。

騒動のなかで幼君亀千代は、母の三沢初子、懐守《だきもり》と呼ばれた養育係の家臣に育てられ、一二歳を目前にした寛文九（一六六九）年一二月九日に元服し、綱基を名のり（後に綱村と改名。

伊達綱村肖像画（仙台市博物館所蔵）

以後、ここでは綱村と表記する)、父と同じ従四位下、左近衛権少将兼陸奥守に叙任された。しかし、藩政を掌《つかさど》るにはまだ幼く、後見政治が続くなか、寛文一一年三月二七日に大老酒井忠清邸における原田甲斐宗輔による刃傷事件が勃発し、騒動は急転直下の収束を見ることになる。幕府は両後見の不行き届きを咎めて後見の職を解く一方、藩主には罪はないとして、仙台藩領を安堵し、以後は綱村が藩政を見ることを命じた。

青年藩主の親政

こうして、ようやく綱村の藩政が実質的に始まることになったが、当初は幕府の監視下で、刃傷事件の生き残りである奉行古内志摩義如が主導しての藩政であった。二年後の延宝元(一六七三)年に老中稲葉正則息女と婚約したことは、実質的に稲葉が綱村を後見するという体制を幕府が公認したことを意味していた。

それでもその二年後、初めて仙台に入った頃から、綱村は積極的に藩政を主導していくようになった。記録所を設置し、藩政の動向に関する記録の保存や整理を担当させ、また藩士に対して先祖の由緒書を提出することを命じているが、こうした施策は、寛文事件で藩内が混乱したことにかんがみて、秩序を再編成し、道理に基づいた藩政を展開しようとする綱村の意思の表れと見ることができる。その後も各種制度の整備を進める一方、製塩や馬産、陶器・薬種・菓子などの生産奨励といった産業振興政策も活発に行った。政宗期に着手され、忠宗期に目に見えて活発化した新田開発はピークを過ぎたものの、それまでの藩士が主体になった開発に加えて、品井沼の干拓事業に代表される藩営の大規模開発事業が推進された。こうして、江戸へ年平均二〇万石を廻漕し、藩の大きな収入とする経済構造が、ほぼこの時期に確立することになる。

大年寺の建物として唯一現存する惣門（写真：筆者）

文化面にも関心が高かった綱村は、自らも儒学や仏教、神道を学び、神社仏閣の修造を積極的に行った。その代表的なものが、亀岡八幡宮の移転造営、榴岡《つつじがおか》釈迦堂の造営、大年寺の創建、そして塩竈神社の造営であった。また歴史に関心を持った綱村は、伊達氏の歴史を調査・研究させ、伊達治家記録などの歴史書をまとめさせる一方、領内の古跡の調査や保存にも意を尽くした。世界遺産となった平泉が今に残るのは、綱村による保護があったからこそである。同じく世界遺産になっている日光東照宮も、幕府の命令によって元禄二（一六八九）年から翌年にかけて仙台藩が改修工事を担当し、綱村は五カ月間にわたって陣頭指揮を取っている。この改修は江戸時代における日光東照宮の修理としては最も本格的、大規模なもので、仙台藩の改修事業が手抜きのないしっかりしたものだったからこそ、日光東照宮は世界遺産として今にその価値を保っているのである。

重臣との対立

しかし、こうした一連の寺社造営に加え、建設後数十年を経た仙台城の大規模改修も必要となり、綱村が好んだ能楽や茶道にも多額の経費を投じたことから、政宗期以来慢性的な赤字にあえいでいた仙台藩の財政は危機的状況に陥った。また綱村は積極的に中級家臣を抜擢したが、こうした綱村の藩政運営に対して一門衆が反発を強め、何度か強硬な諫言を行うに至った。加えて綱村の言動に一部不安定な面もあり、ついに元禄一〇(一六九七)年、危機を感じた一門衆の大半と奉行衆の一部は綱村を軟禁し、幕府に隠居を願おうとした。この時は義兄にあたる稲葉正往《まさみち》の仲裁によって綱村は危機を脱したが、一門衆との対立や不安定な言動が治まらず、ついに元禄一六年八月に隠居に追い込まれた。

藩主としての綱村については、古くから賛否両方の論があった。文武に秀でた名君として評価する説がある一方で、財政を破綻させたことや仏教や儒学にあまりにも傾倒しすぎたこと、側近を重用した政治手法に対する批判も少なくない。しかし彼の性格を見ると、側室を置かなかったことからも分かるように、大変に謹直な人物であったことは間違いない。側近の重用もその能力を重視したからであって、綱村自身の私心は極めて少なかったように思われる。その一端が垣間見えるのが榴岡の整備だ。綱村は、母・三沢初子が護持した釈迦如来の像を本尊として元禄八（一六九五）年に釈迦堂を建立した。それは初子の菩提を弔うだけでなく、初子が綱村に注いだ愛情を知らしめることにより、広く諸人に対して母親の慈愛を説こうとするものであった。あわせて釈迦堂の周囲に多くの桜を植え、士民が楽しめるようにした。これは今の榴ヶ岡公園の基盤となっただけでなく、日本初の都市公園と位置付けられる画期的な事業でもあった。惜しむらくは、真っ直ぐすぎるその性格と、時に表出してしまう不安定な言行のために、家臣たちの不信を買ってしまったことである。

隠居した綱村は、麻布の仙台藩下屋敷に住み、享保四（一七一九）年六月二〇日に六一歳で没した。正室稲葉氏仙姫との間には一男二女があったが、いずれも早世。一門の宮床伊達家から従兄弟の吉村を養子に迎えて跡継ぎとしている。

榴ヶ岡公園に残る桜の古木（写真：筆者）

コラム

仙台藩を知るための15人❸

伊達安芸宗元（一六四二〜一七一二）

伊達騒動の最終局面、大老酒井忠清邸での刃傷事件で落命した伊達安芸宗重の跡をついで涌谷伊達家の当主となったのが、兵庫（後に安芸）宗元である。涌谷伊達家は、戦国時代までは亘理郡（宮城県亘理町・山元町）を領有した有力武士で、亘理を名字としていた。江戸時代に入ると、亘理氏は一門に列せられて伊達の名字を与えられ、遠田郡涌谷城主となり、伊達騒動の頃には二万二千六百石余と藩内で最も高禄の家臣であった。

仙台藩士のなかで最上位の家格である一門は、奉行など藩の役職には就かないのが例であった。また政宗・忠宗治世下では、藩主の権威が絶対で、藩の内政に一門が関与することはなかった。それが大きく変化したのが伊達騒動だった。親戚大名と連携した一門衆が三代藩主綱宗を隠居に追い込んだことが、一門衆が藩政に関与する契機となった。さらに伊達宗重が伊達騒動の混乱を幕府裁定に持ち込んで結果的に落命したことによって、涌谷伊達家は「忠臣」の家柄と認識され、涌谷伊達家当主の発言力が急速に大きくなった。

涌谷城に残る櫓（太鼓堂）

四代藩主綱村は、側近を登用して藩主主導の政治を行おうとして一門衆としばしば対立したが、一門衆の中心的存在が伊達宗元だった。宗元を中心に一門が連携し、綱村へ諫言を企てる事態が繰り返され、ついには綱村の隠居へとつながった。こうした藩主と一門衆の政治的対立は、以後ことあるごとに繰り返され、仙台藩政の一つの基軸となったのである。

コラム

仙台藩を知るための15人❹

田辺希文（一六九三〜一七七二）

四代藩主伊達綱村は若い頃から学問を好み、延宝二（一六七四）年には一五歳にして自ら藩士に対して儒学の講釈を行っている。また綱村の影響もあり、五代藩主吉村も儒学を重視した。綱村・吉村の治世下では、大島良設・桑名松雲・佐藤春意《はるのぶ》・田辺希賢《まれかた》・内藤以貫《いかん》・遊佐木斎《ゆさぼくさい》らの儒学者が仙台藩で活躍したが、田辺希文《まれふみ》もその一人である。

田辺希文は、延宝七（一六七九）年に仙台藩の儒員となった田辺希賢（一六五三〜一七三八）の子で、若くして京に遊学した。儒学・神道・書法・射礼・兵法を学んだ希文の学識は、藩主吉村も認めるところとなり、享保九（一七二四）年に田辺家の家督を継いでいる。継承した知行六〇〇石は、後に七〇〇石に加増され、また吉村の跡継ぎとなった宗村に近侍することを命じられている。

仙台藩においては、歴史の調査研究は儒学者の重要な職務の一つであった。四代藩主綱村の時に行われ、『伊達正統世次考』『貞山公治家記録』などに結実した歴史研究には、田辺希賢や遊佐木斎らが携わった。田辺希文も歴史や地理の調査研究に関わり、「伊達世臣家譜略記」「伊達世臣伝記」などの史書、仙台城下や藩内の様子を簡潔にまとめた地誌「封内風土記」を藩命でまとめている。とくに「封内風土記」は、藩内の状況を網羅的に見ることができる地誌であり、現在でも仙台藩研究の基本文献として高く評価されている。

田辺希文（仙台市博物館所蔵『修身図鑑』より）

五代藩主　伊達吉村（一六八〇〜一七五一）

初めての傍系藩主

四代藩主伊達綱村には成人した男子がなく、仙台藩政史で初めて養子が藩主となる事態を迎えた。後に「仙台藩中興の英主」とも称される五代藩主伊達吉村である。

伊達吉村は、二代藩主忠宗の八男宗房（一六四六〜八六）の長男として延宝八（一六八〇）年六月二八日に誕生した。母は白石城主片倉景長の娘まつ、幼名は助三郎と称した。貞享三（一六八六）年、父が四一歳で没したことから、元服前であったがその跡を継いで一門宮床伊達家の当主となり、元禄三（一六九〇）年一二月に元服し、綱村から一字を与えられ村房を名乗った。

元禄八年、仙台藩の支藩である一関藩の藩主田村建顕の養子に迎えられることになり、宮床伊達家の家督を弟の村興に譲ったが、その直後、跡継ぎがなかった従兄弟綱村の養子に迎えられることになった。翌元禄九年一一月、改めて元服して、藩主後継者の例にならって将軍徳川

伊達吉村の自筆肖像画
（仙台市博物館所蔵）

綱吉から一字を拝領して吉村と改名し、元禄一五年には公家で前中納言久我《こが》通名《みちな》の娘冬姫を正室に迎えている。

藩政改革への取り組み

翌年、養父の綱村が半ば強制隠居に追い込まれた跡を受けて、八月に五代藩主となった。しかし、それはめでたいだけで済むことではなかった。何年も続いた重臣と綱村の対立の余波が残り、さらに藩財政は破綻の危機に瀕していた。しかも塩竈神社や大年寺の造営は完了しておらず、前途多難であった。

吉村はすぐに厳しい状況を思い知らされることになる。藩主となった翌年、藩主として初めて国元に入ると、綱村を隠居に追い込んだ一門衆が連名で諫言書を突きつけてきたのである。諫言書の冒頭には、先々代の綱宗は不行跡で若くして隠居となり、先代の綱村もわがままな行いが多く、財政を窮乏させて隠居に追い込まれたので、そうならないように身を慎んで藩政に取り組むべし

宝永元（1704）年に竣工した塩竈神社の社殿（左右宮拝殿）

という内容であった。元は吉村自身も一門の家柄であり、そうしたことを踏まえて一門衆が放った強烈なカウンターパンチだった。

しかし、吉村はそうしたことに戸惑っている余裕はなかった。まずは破綻が目前に迫っている財政の立て直しを進めなければならず、藩士から手伝金を徴収することで急場をしのぐ一方で財政支出を絞り、役人の減員や、組織の再編成を行うなどの緊縮政策を進めた。同時に、初入国時には家臣に対して二五ヶ条の「家中法度」を発し、享保四（一七一九）年には農村に対して一六ヶ条の「百姓条目」を出している。いずれも綱紀粛正や質素倹約を求めるもので、元禄文化の影響で華美な風俗が広まっていることに歯止めをかけ、藩内の気風を一新することにより、財政も含めた藩政改革を進めようとする意図があった。

こうした一連の藩政改革が進行するなか、享保一〇（一七二五）年、吉村は切り札となるべき政策の実行に着手した。「大改《おおあらため》」と称される、領内の総検地である。領内の土地を全て調査して年貢不可の課税台帳を作成する総検地は、仙台藩では一六四〇年前後に行われて以来実施されてこなかった。そのため、土地の所有関係が把握できなくなったり、課税台帳＝検地帳に登記されていない耕地＝隠田《かくしだ》が大量に存在する事態になっていた。つまり、総検地を行うことにより隠田を課税対象地に組み入れ、租税収入を増やそうとしたのである。だが、これには藩内から猛反対が生じた。とくに一門衆が強硬に反対した。主な理由は、隠田があるからこそ農民も下級藩士も生計を維持できているのであり、そこに手を入れると農村が崩壊する、というものであった。あまりに反対派が多かったことから、総検地計画を推進すべき立場の奉行からも反対論が出る事態になり、吉村は総検地計画を撤回する羽目となった。

一方で、地道な改革によって財政は少しずつ上向きとなり、享保一〇年代後半には単年度の財政収支はかなり改善された。しかし多額の累積赤字があり、総検地計画撤回によって財政難の根本的な解決には程遠い状況にあった。そうしたなかで、大きな幸運が舞い込んできた。享保一七（一七三二）年の西日本大凶作である。凶作の余波は江戸に及び、米不足と米価高騰に苦しんだ幕府は、仙台藩に米の大量供給を依頼。それまで仙台藩領から江戸に廻漕される米は年間二〇万石前後だったが、この年は三三万石近くに達し、米価高騰もあって仙台藩はこの年五〇万両の利益をあげ、仙台藩の財政は一気に黒字に転じた。

こうした吉村の藩政改革は、享保の改革を進めていた八代将軍徳川吉宗からも高く評価され、「近年の大名では、陸奥守＝伊達吉村が最も成果を挙げている」と言われるほどだった。

有数の文人藩主

歴代仙台藩主と同じく、吉村も狩りを好み、在国中はしばしば城下近郊に出掛けて、鷹狩や

伊達吉村筆「すなどり図」(部分/仙台市博物館所蔵)

川狩などを楽しんだ。

それだけにとどまらず、吉村はまた文芸の面でも秀でた才能を有していた。茶道や能学を大変好み、和歌は京都の公家に添削を依頼するなどの精進を重ねて、歴代藩主随一の域に達している。また絵筆をとると、やまと絵風の穏やかで美しい絵を描き、多くの作品を残している。

寛保三(一七四三)年七月、六四歳になった吉村は家督を嫡子の宗村に譲り隠居した。藩主在位はちょうど四〇年に及んだ。これは前藩主綱村の四三年にわずかに及ばないが、綱村の場合、最初の十数年は幼少で藩政を見ることはなかったことを考慮すると、実質的には吉村が最も長く在位した藩主と評することができる。

大崎袖ヶ崎の下屋敷に移り住んだ吉村は、八年後の宝暦元(一七五一)年一二月二四日に七二歳で没した。歴代仙台藩主で最も長命の人生であった。

六代藩主　伊達宗村（一七一八〜一七五六）

期待の貴公子

藩政の立て直しに成功した伊達吉村の跡を継いだのがその嫡子宗村である。吉村とその正室冬姫の子として享保三（一七一八）年五月二七日に生まれ、勝千代と名付けられた。勝千代には三人の兄がいたが、いずれも側室の子で、かつ長男と二男は早世し、三男の村風は享保一七年に三千石を与えられて別家を立てたが、その三年後に没している。

享保一〇年、勝千代は吉村の跡継ぎと定められ、総次郎久村を名乗り、さらに享保一六年に江戸城中で元服し、将軍吉宗の一字を拝領して宗村と改名した。

伊達宗村肖像画（仙台市博物館所蔵）

実は仙台藩の歴代藩主は、それまで順調に家督を相続した例がほとんどなかった。二代忠宗の場合は兄秀宗がすでに大名扱いをされているなかで、政権が豊臣氏から徳川氏に代わることにより跡継ぎの座を得ており、三代綱宗は兄光宗が早くに亡くなり、跡継ぎに擁されたものの父忠宗は死去の直前まで跡を継がせることを逡巡していた。四代綱村は側室の子として生まれ、父の早い隠居によって二歳で藩主の座に就き、伊達騒動の混乱のなかで成長し、五代吉村は藩主家の分家から養子として迎えられた。それに比べて宗村は正室の子であり、幼少の頃から次の藩主としての地位を約束され、藩内がこぞって期待を寄せた正真正銘の貴公子であった。

当時、将軍吉宗が吉村を高く評価していたこともあり、吉宗の声がかりで宗村と将軍家の縁組が決まった。吉宗の跡を継いで紀州徳川家の当主となっていた徳川宗直の次女利根姫（温《はる》子《こ》）を吉宗の養女として宗村の正室とするというものであった。徳川将軍家との縁組は、二代忠宗以来のことであり、父吉村が藩政立て直しに成功した時期でもあり、仙台藩内はもっとも安定し、幸福な時期だったと言ってよかった。

享保二〇（一七三五）年一一月に利根姫を迎えた宗村は、翌月には跡継ぎの身のまま左近衛権少将に昇進。一八歳にして大名に準じる身となり、元文二（一七三七）年には初めて国元仙台に入った。藩主の跡継ぎが国入りするのは、二代藩主忠宗の跡継ぎだった光宗以来、約百年ぶりのことだった。跡継ぎ時代の宗村は、この時を含めて二回の国入りを果たしている。

藩政の現実

こうして着々と藩主後継者としての地位を固めた宗村は、ついに寛保三（一七四三）年七月、仙台藩第六代目の藩主となった。

父が立て直した仙台藩を継承した宗村は、潤沢な財政に支えられ、藩主として順風満帆の出発であった。それでも宗村は、藩主として初めて国入りした延享元（一七四四）年五月、二四ヶ条の条目を発して綱紀粛正・質素倹約を旨とする方針を示し、父の政治方針を継承することを宣言した。その背景には、当時、安定した社会動向や経済の発展などから、華美な風潮が全国的に広がり、仙台藩内にもその影響が及んでいたという社会情勢があった。案の定、宗村がたびたび倹約令を発したにもかかわらず、藩の財政支出は徐々に増加し、さらに宗村の襲封後に城下の大火や水害などが続き、収入減と支出増が重なって、相続から七年後の寛延三（一七五〇）年には「御用金不足」、つまり赤字財政に転落してしまった。しかし藩内の危機感は乏しく、たびたび倹約令を発する宗村を「吝嗇《りんしょく》（＝けち）」ではないかと評する者すらいる始末だった。

理想の主君像

一方で、宗村の人となりについては、まさに理想の主君像そのものだった。幼少の頃から温和な人柄だったと伝え、長じても家臣を叱りつけることは全くなく、「宗村の前に出ると心が和《なご》んで来るように感じた」と述懐する家臣もいた。実は宗村には多数の側室がおり、歴代藩主で最多となる二〇人の子（八男一二女）があった。しかし、それは好色というものではなかったようだ。後に宗村は死を覚悟した時に、側に仕える側室らの身の振り方を、細かく書き残していた。そこには、残されて不安定な境遇に陥るだろう弱き者たちへの愛情が満ち溢れていた。その優しさ故に、宗村は多くの女性にも愛されたに違いない、と私には思えてならない。

一方で、温和なだけでなく、荒馬を乗りこなして家臣を驚かせたり、時に明断な判断力を示すこともあった。延享四（一七四七）年に江戸城中で刃傷沙汰があり、巻き添えをくって熊本藩主細川宗孝が即死するという事件が発生した際は、騒然とするなかでその場に居合わせた宗村が機転を利かせて「まだ息があるので早く屋敷に連れ帰って治療させるように」と言い、細川宗孝はまだ死んでいないということにした。実は宗孝はまだ跡継ぎを決めておらず、刃傷で頓死したとなれば、細川家は断絶に処せられる危険性があった。宗村の機転に救われた細川家では、宗孝を引き取って療養していることとし、すぐさま弟を養子として幕府に届け出た後に死去の届け出を出し、細川家は危機を乗り切った、という逸話が知られている。

その他にも温和な人柄、弱者への温かい気遣い、父母への孝養の念を伝える逸話は幾つも残されている。一三代藩主伊達慶邦は側近などから聞かされた歴代藩主の逸話を『追遠録』という随筆にまとめているが、このなかで宗村に関する逸話は三二項目に及び藩主別で最多の項目数となっており、分量としても随一である。ちなみに、宗村に次ぐのは四代綱村の二九項目（ただし、分量的には宗村の七割程度）、一二代斉邦の一四項目、初代政宗の一二項目となっている。英敏にもかかわらず、常には法《のり》を超えず温和であり、必要な時には果断に行動する。まさに理想の主君として、以後の藩主の手本たるべく、その逸話が数多く残されたのであろう。

　しかし、宗村の藩主在位は長くなかった。大冷害となった宝暦五（一七五五）年、宗村は江戸にいたが、秋以降、体調がすぐれない状況が続いていた。大凶作に起因する飢饉が発生したが、重臣らは宗村の体調を慮《おもんばか》って報告を控えたため、宗村が状況を知ったのは翌年四月になってからであった。病床で餓死者が続出している状況を知った宗村は、奉行らの措置の遅さに対して常には見せない怒りをあらわにし、一万両を拠出して、すぐに救済措置を実行することを命じた。

　宗村が見せた最初の怒りは、また最後のものとなった。この後、宗村の容態はしだいに悪化。ついに五月二四日（公的には五月二六日）に宗村は死去した。まだ三九歳の惜しまれる死であった。

コラム　仙台藩を知るための15人❺

萱場杢氏章（一七一七〜一八〇五）

仙台藩政史のなかでは、能吏と評することのできる藩士が何人もいる。新田開発事業や運河開削などに関わった和田為頼・房長父子、忠宗期の財政を支えた山口重如《しげゆき》と真山元輔、吉村〜重村期に町奉行・出入司（財政・民政の総括責任者）を歴任し若年寄に抜擢された荒井盛従《もりより》、江戸後期に郡奉行や町奉行として長く民政に関わり、文人としても知られた河田安親……。なかでもとくにその名が高いのが、萱場杢氏章《もくうじあき》である。

家禄一両一分・四人扶持（知行約二五石に相当）の下級藩士の出身ながら、氏章は幼い頃から人並み外れた俊秀ぶりから児小姓《ちご》に抜擢。以後、五代藩主吉村やその跡継ぎであった宗村の側に仕えながら学問や武術を学び、ことごとくその奥義を極めたという逸話がある。長じた萱場氏章は、その才をいかんなく発揮し、物置〆役《しまりやく》（藩有の動産を管理する役目）から出入司《しゅつにゅうかさ》に抜擢された。理財に明るかった氏章は、新規財源の創出など窮乏する財政の立て直しに尽力するとともに、財政に関する著作をいくつか著している。江戸番頭《ばんがしら》（江戸屋敷の管理・運営の総括者）を経て出入司に再任され、在職すること四十数年におよんだ。

仙台藩を舞台にした映画「殿、利息でござる!」（二〇一六年）は、萱場氏章を冷酷無比な官僚として描いている。しかし実際の氏章は、軽輩の身から立身した抜群に有能な役人であると同時に、優れた文化人として、多くの尊敬を集めた伝説的な人物だったのである。

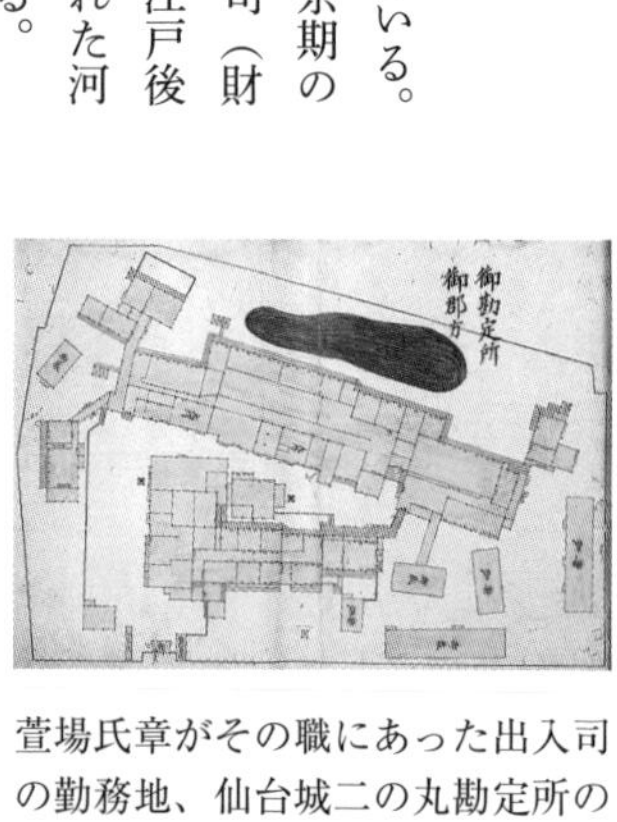

萱場氏章がその職にあった出入司の勤務地、仙台城二の丸勘定所の絵図（宮城県図書館所蔵）

七代藩主　伊達重村（一七四二～一七九六）

相続直後の政争

期待されながらも実力を十分に発揮しないうちに没した六代藩主宗村の跡を継いだのが、宗村二男の重村である。寛保二（一七四二）年四月一九日に仙台で生まれた。母は側室坂氏信子（性善院）で、幼名を儀八郎と名付けられた。兄の久米之丞が早世したことから延享四（一七四七）年に宗村の後継者となることが決せられて藤次郎国村と名のることになり、宝暦五（一七五五）年に元服し、九代将軍徳川家重の一字を拝領して重村と改名した。

翌年七月、父宗村が没したことから、一五歳にして仙台藩七代藩主となった。藩主とはなったが、まだ若年であったため、一関藩主で叔父の田村村隆が実質的な後見人となった。

重村の治世は、早々から波乱があった。家督を継ぐ前年に発生した宝暦飢饉の影響で藩財政が悪化し、その対応をめぐる対立が奉行衆や重村側近の派閥争いに発展し、さらに一門衆が横槍を入れてきて複雑な政争に発展してしまった。後見人の田村村隆が解決に乗り出すも、着地

伊達重村肖像画（仙台市博物館所蔵）

点を見いだせないまま混乱は一年近く続いたが、最終的には重村の意思もあって、宝暦七年閏一一月に古参の奉行三人を罷免し、新たに三人の奉行を任命。翌年、さらに幼君時代の重村付き家臣だった芝多《しばた》康文を奉行に加えることで、混乱はようやく終息した。

葛西川島一件

一門や奉行を巻き込んだ政争は、この後また繰り返されることになる。安永二（一七七三）年、若年寄の葛西清胤と武頭《ぶがしら》の川島行信は慢性化している財政悪化や沈滞する藩政を打破するには人事の一新が必要として数十人の同志を集め、一門岩谷堂伊達家の伊達村富と亘理伊達家の伊達村好を抱き込んだ。ついには奉行五人を軟禁し、伊達村富・村好は重村に人事の刷新を求め、重村も一旦は同意して奉行を罷免し、新たに奉行を選任することになった。しかしこれに反発した一門登米伊達家の伊達村良は、葛西・川島一派が奉行を軟禁したのは不当であると重村に再考を要請。萱場氏章《うじあき》と荒井盛従《もりより》らによる調査の結果、事件は葛西・川島両人が昇進を狙って仕組んだ政争との結論に達し、伊達村富・村好は謹慎の後に隠居を命じられ、葛西・川島両人は家禄没収とされたが、一方で奉行人事は覆らなかった。「葛西川島一件」と称されるこの事件は、葛西・川島両人が主導した陰謀と位置付けられたが、数十人もの同調者がいたということから察するに、藩政の刷新を目指す中堅層が一門の力を借りてクーデターを起こそうとした、と見ることもできそうである。

家督相続直後の宝暦事件はともかく、その教訓を生かせず、葛西川島一件が発生してしまった責任の一端は重村にもあった。重村は藩財政が悪化するなかで、有効な解決策を提示せず、藩政全般についても関心が高いとは言えなかった。一方で、自らの官位昇進には熱心で、多額の資金を費やして各方面への政治工作を行い、さらに幕府への心証を良くするため明和四（一七六七）年には関東地方の河川改修工事を引き受けた。その結果、重村は念願の左近衛権中将へ昇進を果たしたが、代償として仙台藩は多額の財政赤字を抱えてしまったのである。

こうした状況下、天明三（一七八三）年は未曾有の大冷害となり、翌年にかけて天明の飢饉が発生し、農村の疲弊が一気に進んだ。状況が悪化するなかでも有効な手立てを講じることはないまま、寛政二（一七九〇）年六月、重村は四九歳にして家督を斉村《なりむら》に譲って隠居した。一説には、寛政の改革を推し進めていた老中松平定信の意向が働いた結果ともされる。

学問・芸術での本領発揮

どうも重村は為政者としてはあまり高い評点を与えられそうもない。むしろ重村よりも正室の近衛氏年子（惇姫・観心院）は賢婦人の誉れ高く、重村没後に幼少の藩主を支えて困難な時局を乗り切るのに大きく寄与している。

一方で、重村については、文化面では幾つかの特徴的な事績がある。

その一つが藩校・養賢堂の整備である。仙台藩の藩校は五代藩主吉村が設立した学問所に端を発するが、設備も不十分で不振な状態が続いたが、重村治世下の宝暦一〇（一七六〇）年に医学教育が開始され、また城下中心部に移転し、規模が大きく拡大した。さらに安永元（一七七二）年、学問所は重村の命名により養賢堂《ようけんどう》と改称し、安永九（一七八〇）年には奉行の芝多《しばた》信憲《のぶのり》が私財を寄付して寮および書庫と蔵書が整備された。

こうした藩校の整備は、重村自身が学問や文芸に高い関心を持っていたことが大きく影響している。重村の和歌は、歴代仙台藩主のなかでは五代吉村と並んで最もレベルが高かったと評価されており、また重村は、博物学に興味を抱いていた。博物学については、重村の父・宗村も関心を持ち、重村の弟で他家へ養子に入った土井利徳《としなり》や堀田正敦も傾倒していたことが知られている。当時、博物学は大名間でも流行していたが、仙台藩主一族の血筋には博物学へ強い関心を示すDNAが受け継がれていたのではないか、とすら思わせる。

コラム

仙台藩を知るための15人❻

安倍清右衛門松庸（一七二二～一七九四）

萱場杢氏章《もくうじあき》が能吏として称賛を集める一方で、ほぼ同じ時期に藩政に関わりながら悪評芬々《ふんぷん》たる人物がいる。安倍清右衛門松庸《ますつね》、通称「安倍清《あべせい》」である。仙台城下で木綿を商っていた安倍は、藩へ二〇万両以上を献金し、四〇〇石の大番士に取り立てられた。さらには、商人出身であることから財政に関わり、ついには出入司に就任している。

当時、藩財政は萱場らの努力にもかかわらず、次第に悪化していた。安倍の登用は、民間のノウハウを導入して財政を立て直そうとする意図によるものだった。安倍は江戸で売却する米を増やし、増収を狙う積極財政を進め、天明二（一七八二）年には凶作に備えた備蓄米まで江戸で売却した。ところが翌天明三年は凶作となり、大飢饉となった。米不足に苦しむ人々によって安倍の屋敷が襲われる事件も起き、失政の責任を問われた安倍は失脚。家禄を没収された。しかし、もしも備蓄米を売り払った後が凶作でなかったら、安倍は財政再建を成し遂げた能吏と評価された可能性もある、という菊池勇夫氏の指摘もある。賞賛と悪名は紙一重なのかもしれない。

安倍松庸は養子を迎えて家を継がせた。清治松広《せいじまつひろ》である。養父同様に理財の才があった松広は、小姓を振り出しに勘定奉行、京都留守居役などを歴任後、出入司に任じられて財政再建に成功し、若年寄に昇進している。失脚した人物の子息が要職に就いたのである。仙台藩の人事は案外と柔軟な面があったようだ。

天明飢饉の様子を描いた「天明飢死図集」（仙台市博物館所蔵）

コラム
仙台藩を知るための15人❼

近衛氏年子（一七四五〜一八〇五）

歴代仙台藩主の正室のなかで、もっとも知名度が高いのは七代藩主重村の正室である近衛氏年子《のぶこ》だろう。惇姫《あつひめ》、後の観心院である。大納言広《ひろ》幡長忠《はたなかただ》の娘として生まれた年子は、宝暦一〇（一七六〇）年に伊達重村の正室に迎えられた後、関白近衛内前《うちさき》の養女となっている。

年子が嫁いだ伊達重村は、歴代のなかでは内政に対する関心が比較的薄い藩主だったが、逆に年子は藩政とさまざまに関わった。天明三（一七八三）年の大冷害によって飢饉が発生すると、年子は救済のために一千両を拠出。天明七年には奥方の勤務に関する詳細な規則が定められたが、これは年子の意向によるものと考えられている。

年子が藩政の表舞台でその力量を発揮するのは、寛政八（一七九六）年のこと。八代藩主伊達斉村《なりむら》の正室鷹司氏誠子《のぶこ》（興姫《おきひめ》）が嫡子政千代（後の伊達周宗《ちかむね》）を生んで間もなく死去し、ついで前藩主で年子の夫であった重村、そして藩主斉村までもが相次いで病没してしまったのである。政千代が九代藩主となったが、わずかに一歳で、藩内は相次ぐ不幸に大きく動揺した。この時に観心院は、義弟で幕府若年寄となっていた堀田正敦と図って親戚大名に協力を要請し、藩内に対しても一門、奉行に指示を出して動揺を防ごうとした。かつて伊達騒動は同じく藩主が幼君の時に発生したが、幼君政千代の下で仙台藩政は大きな混乱を迎えることがなかった。初動における観心院の措置が要を得たものであった故である。

近衛氏年子の肖像画
（仙台市博物館所蔵）

八代藩主　伊達斉村（一七七四～一七九六）

改革を志すも

慢性的な財政難のなか、第八代目の藩主になったのが伊達斉村《なりむら》である。安永三（一七七四）年一二月五日に伊達重村の二男として生まれ、式三郎と名付けられた。母は側室の喜多山氏（正操院）。兄が病弱だったからか（天明四年に死去）、天明三（一七八三）年に重村の跡継ぎに定められ、総次郎祝村《のりむら》と名乗った。四年後の天明七年に元服し、一一代将軍徳川家斉《いえなり》の一字を拝領して斉村と改名。三年後の寛政二（一七九〇）年六月に一七歳で仙台藩主の座に就いた。寛政五年には関白鷹司輔平の娘誠子《のぶこ》（興姫《おきひめ》）を正室に迎えている。

藩政に関心が薄かった父重村とは異なり、斉村は藩主となったその年の一二月に、向こう一〇年間、一五万石の格式で藩政を運営することを決した。雄藩《ゆうはん》としての面子《めんつ》より経費の削減を優先したのである。この年には、藩が直営で行っていた米の他領出しの規制を緩和し、藩に一定の割合の権利金を支払うことで商人や農民も行うことができるようにした。これによって

伊達斉村肖像画（仙台市博物館所蔵）

米の出荷量が増え、寛政三、四年は豊作であったことから、多額の利潤を上げ、財政難も一時的に解消の方向へ向かった。

また経費の削減と農村の負担軽減を図って地方行政に関わる役人を減員し、租税制度の一部改編、藩札を発行するなど、「寛政新法」と称される地方行政の改革が進められた。この時、斉村は二〇歳前後で、この新法の推進にどの程度主体的に関わったかは不明だが、藩主代替わりによる藩内の空気の変化、格式を落としても財政難を克服しようとする斉村の決意が、藩内に浸透した結果であることは間違いないだろう。

しかし、この改革は理念が先行して実情を十分に反映しないで進められた側面があり、また藩内での主導権争いも加わって、早々に行き詰まってしまった。寛政七（一七九五）年三月、斉村は新法を廃して旧に復することを宣言した。改革の挫折であった。

相次ぐ不幸

寛政八（一七九六）年三月、斉村と正室誠子の間に待望の世継ぎ政千代が誕生した。しかし、仙台藩はその後次々に不幸に見舞われた。まず正室の誠子が、産後の回復を見ないまま四月一六日に二二歳で死去。その直後の二一日には前藩主の重村も没した。

不幸はそれにとどまらなかった。参勤交代で仙台に帰国して早々の七月二七日に斉村が二三歳の若さで病死してしまったのである。まだ跡継ぎを決めていないなかでの急逝であった。大名家は、跡継ぎを幕府に届けないままに当主が死去すると取りつぶしとなるのが例であった。突然の危機に見舞われた仙台藩は、斉村の死を秘し、重村正室の観心院（近衛氏年子《のぶこ》）が主導し、斉村の叔父で幕府若年寄となっていた堀田正敦、斉村の従兄弟で刈谷藩主の土井利謙《としかた》と相談。八月一日になって斉村が帰国後に病に伏したことを幕府に届け出て、八月一五日に嫡子政千代への代替わりを申請。九月に無事に申請が認められ、仙台藩は窮地を脱することができたのである。

コラム

仙台藩を知るための15人❽

堀田正敦（一七五五～一八三二）

六代藩主伊達宗村には、八男一二女の計二〇人の子があった。そのなかで一番下の男子が藤八郎、後の堀田正敦《まさあつ》である。長じて中村村由《むらよし》と称したが、成長した兄たちが次々と他家の養子となるなか、そうした話が持ち上がらないまま、村由は三〇歳を越してしまった。どうも、兄で七代藩主となっていた重村の跡継ぎ（後の八代藩主斉村《なりむら》）が幼少で、万が一の場合に備えて家に残されているうちに、想定外に年齢を重ねてしまったようだ。

天明六（一七八六）年、ようやく村由に縁組の話が決まった。近江堅田《かただ》藩一万石、堀田正富の婿養子となり、堀田正敦と改名することになった。彼の才能はこの後いっきに開花する。正敦の人物が老中松平定信の眼にかない、寛政二（一七九〇）年に幕府若年寄に抜擢されたのである。以後、松平定信の失脚などの政変をくぐりぬけて、正敦は四二年もの長期にわたって若年寄の職にあった。この間、昌平坂学問所の振興、歴史書の編纂、蝦夷地の現地視察などに関わり、自らも鳥類の図鑑をまとめるなど、公私にわたって多くの業績を残した正敦の事績は、当時の重要人物として、もっと高く再評価されて然るべきである。

仙台藩との関わりでは、正敦が若年寄に在任している期間は、藩主が若くして没する事態が相次いでいた時期であった。ともすれば動揺しかねないこの時期を仙台藩が乗り切れたのは、幕府の要職に堀田正敦の存在があり、陰に陽に仙台藩を支えたからなのであった。

堀田正敦肖像画（佐野市郷土博物館寄託・個人蔵）

コラム

仙台藩を知るための15人❾

南山古梁（一七五六〜一八三九）

仙台藩領における高僧としては、政宗の師で覚範寺住職となった虎哉《こさい》（一五三〇〜一六一一）、政宗没後に瑞巌寺の住持となった雲居《うんご》（一五八二〜一六五九）、四代藩主綱村と密接な関係があり大年寺の二世住職となった月畊《げっこう》（一六二八〜一七〇一）、輪王寺や洞雲寺の住職を務め五代藩主吉村が師事した牷沓《ぜんたつ》（一六六六〜一七四九）などが知られている。時代が下って江戸時代後期では、瑞鳳寺住職の南山古梁《なんざんこりょう》の名が高い。

南山は、相模の生まれで、江戸東禅寺で修行中に、来訪した伊達重村に茶を給仕した際、誤って重村の袴に茶をこぼしてしまった。怒った重村が刀に手をかけた所、南山は落ち着いて罪を詫び、その態度に感心した重村は、後日仙台に招くことを約し、修行中の手当として二人扶持を与えることとしたという。寛政五（一七九三）年に至り南山は仙台に招かれて瑞鳳寺の住職となり、八四歳の長寿を全うし、天保一〇（一八三九）年に没している。

南山は詩文に長じ、その作は詩二千、文四百と称され、高い学識や豪放な性格もあいまって、その名は全国的にも知れ渡ったという。仙台藩内においては、身分を問わず広範な交友関係があり、南山の身辺は、一種の芸術サロン、文学サークルのような様相を呈した。江戸時代後期における仙台藩領の文化史を見る上では、藩校養賢堂と並んで南山の存在や影響力を見逃すわけにはいかないのである。

南山古梁の肖像画（東京国立博物館所蔵／谷文晁筆「近世名家肖像（部分）」）

九代藩主　伊達周宗（一七九六〜一八一二）

幼少の藩主

藩主急逝という未曽有の危機のなかで第九代藩主となったのが伊達政千代、後の周宗《ちかむね》である。藩主と言っても生後わずかに四カ月の乳児であった。

生後間もなく母（伊達斉村正室鷹司氏誠子《のぶこ》）と父斉村を失った政千代は、祖母にあたる観心院（伊達重村正室）に保護されながら、大叔父で幕府若年寄の堀田正敦を中心として、親戚大名である伊達村寿《むらなが》（宇和島藩主）、土井利謙《としかた》（刈谷藩主）や田村村資《むらすけ》（一関藩主）が支援し、一門の伊達村氏（亘理伊達家）、伊達村常（涌谷伊達家）、伊達村幸（登米伊達家）が藩内の治安維持にあたりながら、奉行を中心として政千代が成人するまでを乗り切ろうとする体制が築かれた。このなかでは、観心院の藩内における発言力の強さが大きな役割を果たし、また伊達家出身の堀田正敦が幕府の要職にあったことは仙台藩にとって幸いだった。文化二（一八〇五）年に観心院が没すると、政千代にとって祖母にあたる正操院（斉村の実母喜多山氏）が観心院に代わって、政千代を日

伊達周宗肖像画（仙台市博物館所蔵）

常的に支えることになった。

藩主となって早々、政千代は将軍徳川家斉《いえなり》三女の綾姫との縁組が決まった。といっても綾姫は政千代の一つ年上に過ぎず、考えようによっては異様な縁組であった。実は将軍家斉には子が多く、二四歳であったこの時点ですでに五男四女の子があり、最終的には二六男二七女、計五三人の子が生まれている。幕府は、この家斉の子女の処遇に苦慮し、男子を養子に迎えたり、女子を正室に迎えた大名には、加増や下賜金の付与、官位昇進などの優遇措置を与えることが多かった。幼い政千代と綾姫の縁組について、どのような交渉や条件があったのかは不明であるが、仙台藩にとっては家の存続を保証する約束手形のような効能があったのに違いない。

この縁組は、翌年に綾姫が早世したために実現することはなかったが、文化三（一八〇六）年に今度は家斉一一女の浅姫との婚約が成立した。しかし、この縁組も実現を見ることはなく、浅姫は福井藩主松平斉承《なりつぐ》に嫁ぐことになる。

百姓一揆

幼少の藩主を戴くことになった仙台藩だが、新たな難局に直面することになった。政千代が藩主となった翌年寛政九（一七九七）年三月に、藩領北部で大規模な百姓一揆が発生したのである。藩士の多くが村に屋敷を構え、その家族や家臣・奉公人が日常的に農耕を営み、また新田開発も藩士が主導することが多かった仙台藩は、構造的に百姓一揆が起こりにくい体制となっていた。そうしたなかで、しかも幼少の藩主が跡を継いで間もない時期に発生したこの百姓一揆は、藩政執行部に大きな衝撃をもたらしたに違いない。藩上層部は、武力鎮圧ではなく、一揆発生地に屋敷を有している重臣たちに一揆勢の願書を受け取ってなだめるという方針で鎮静化を図り、農繁期を迎えたこともあり、一揆は四月末にはほぼ収束した。藩は首謀者数名を死罪に処する一方で、地方行政を担当した郡奉行らを罷免や追放処分に処し、同時に藩役人の減員、年貢などの祖税の軽減を骨子とした改革策を決定した。「寛政の転法」と称されるこの施策は、数年前に行われていた「寛政新法」の再来とも言える内容だった。この改革によって、農村の負担が大きく軽減され、農民は安堵して生活を送れるようになり、「民風」が一変したと記した記録もある。

謎の生涯

文化七（一八一〇）年八月、一五歳になった政千代は、名を周宗と改めた。通例であれば、江戸城中で元服し、将軍の名前の一字を拝領して実名を付けてもよい年齢であったが、この時は改名しただけだった。

このことに関連して、驚くようなことがささやかれ続けてきた。政千代＝周宗はその前年に死去していたというのだ。たしかに政千代は、文化六（一八〇九）年正月に疱瘡《ほうそう》＝天然痘にかかり、一時は危篤状態になったことが仙台藩の公式記録＝治家記録に明記されている。そしてこれ以降、政千代＝周宗は儀式や接客などの公的場面に登場することがなくなり、弟の徳三郎が代役を果たすようになった。この時に政千代は疱瘡で死去したが、その死が数年にわたって秘されたという話が、明治時代以降いくつかの文献に記されている。なぜ死を秘したかというと、一七歳に満たない藩主が死去した際は、跡継ぎが認められず、断絶となるので、それを避けるために堀田正敦と奉行の中村義景らが協議してこうした措置が採られたのだという。

今となると、この逸話の真偽を検証するのはほぼ不可能である。ただ、この話を記した最も早い文献が明治時代中期に旧藩主伊達家サイドでまとめたものであることから、かなり信憑性が高いと考えることもできそうである。

周宗が一七歳になった文化九（一八一二）年、一月一九日に周宗の病が重篤なので隠居したい旨の願いが幕府に出され、翌二月に願いは聞き届けられ、周宗の隠居と弟徳三郎宗純《むねずみ》が跡を継ぐことが許された。こうして無事に仙台藩主の家系は続くことになり、この年の四月二四日、周宗は一七歳の短い生涯を終えたのであった。

コラム

仙台藩を知るための15人⑩

中村日向義景（一七五五〜一八三二）

落合観音堂（仙台市太白区）に奉納された絵馬に描かれた中村義景の騎馬姿（写真提供／仙台市教育委員会）

八代藩主斉村《なりむら》の急逝以降、九代政千代（周宗《ちかむね》）、一〇代斉宗と若年の藩主が続くなかで、観心院・堀田正敦とともに奉行として仙台藩を支えたのが、中村日向義景（後に景貞と改名）である。中村家は知行四千石、栗原郡岩ヶ崎（宮城県栗原市）に住む伊達家譜代の重臣の家柄であった。若い頃から明敏で胆力に優れた人柄で知られ、安永元（一七七二）年に藩主重村の妹済子《なり》を正室に迎えている。天明二（一七八二）年には二八歳の若さで奉行に就任した。

中村義景は、奉行を辞しては再任されることを何度か繰り返しながら、文化九（一八一二）年まで断続的に在職している。この間、天明飢饉以降、藩財政が窮迫し、さらに藩主が若くして没する事態が続き、江戸上屋敷の焼失（寛政六年＝一七九四年）、藩領北部での大規模な百姓一揆勃発（寛政九年）、仙台城二の丸の全焼（文化元年＝一八〇四年）、幕府の命で二千人余を蝦夷地に派兵（文化五年）といった重大案件が次々に発生する多難な時期であった。こうした難事に対処するために中村義景の果断さが必要とされ、実際そうした課題を乗り越え、中村日向の名は仙台藩の名家老として藩外にも広く知られたのだった。

なかでも、九代藩主政千代が重篤な病状に陥り、一説には、政千代は病没したが、堀田正敦と中村義景がその死を秘して仙台藩の改易をまのがれたともいう。この時期に中村義景が奉行に在任し、堀田正敦が幕府の要職にあったことが仙台藩を救ったのかもしれない。

一〇代藩主　伊達斉宗（一七九六～一八一九）

次男ながら跡継ぎに

九代藩主周宗《ちかむね》の跡を継いで一〇代藩主となった徳三郎は、実は周宗とは生まれ月が六カ月遅い同い年の弟で、父が死去した後の誕生だった。初め大崎袖ヶ崎の下屋敷で育てられた徳三郎は、文化元（一八〇四）年に仙台藩上屋敷に移り、兄政千代と共に育てられることになった。

五年後の文化六（一八〇九）年、兄政千代が疱瘡《ほうそう》にかかって重篤な状態となった後は、儀式や接客などの場面に政千代が登場することはなくなり、徳三郎がその代役を務めるようになった。そして一七歳となった文化九年、兄の譲りを得て当主の座を継いで一〇代藩主となった宗純は、三月に元服し、将軍徳川家斉《いえなり》から一字を拝領して斉宗《なりむね》と改名した。

伊達斉宗肖像画（仙台市博物館所蔵）

この年の八月、紀州藩主徳川治宝《はるとみ》の娘信子《のぶこ》（鍇姫《かた》）との婚約を決めた斉宗は、初めての参勤交代で仙台に入った。兄の周宗は仙台に入ったことがなかったので、実に一六年ぶりの藩主お国入りで、士民あげて歓迎したという。

文化一一年には信子との婚儀も行われ、藩内の期待は高まったが、一方でこの時期の仙台藩政には課題が山積していた。寛政転法の効果もあって庶民の生活は安定していたが、周宗治世下の文化元（一八〇四）年に仙台城に二の丸が全焼しており、文化三年には江戸愛宕下の中屋敷が焼失、文化五年には幕府の命令により計二千人余りを蝦夷地警固に派遣するなど、藩は大きな出費が相次いでいた。財政難を補うために、藩士に対して手伝金が課され、また物価が高騰したこともあり、藩士の窮乏が進み、士風の退廃が指摘される事態となっていた。斉宗の治世下では、藩校養賢堂の施設整備や拡充、大槻平泉《へいせん》の学頭任命、医学校の設立などの施策が目立っているが、これには文教面を充実させることにより藩士の意識を改革して藩政刷新につなげようとする意図があったようにも考えられる。

斉宗は弓術を好み、また能楽や狂言にも関心が高く、自ら楽器を手に取り、また舞うこともあったという。しかし多くのエピソードを残す前、文政二（一八一九）年三月に斉宗は病の床に臥し、病状は悪化をたどったため、五月二一日に田村顕嘉《あきよし》を婿養子とし跡継ぎにすることを幕府に届け出た直後、初代藩主政宗と同じ五月二四日に死去した。二四歳であった。

コラム

仙台藩を知るための15人⓫

大槻平泉（一七七三～一八五〇）

仙台藩の藩校は、元文元（一七三六）年に中級藩士の屋敷を転用して学問所が設けられたことに始まる。宝暦一〇（一七六〇）年に現在の宮城県庁の場所に移転した学問所は、武士身分の者にとどまらず足軽の入校も認められるようになった。養賢堂《ようけんどう》と名付けられたこの藩校では、施設の拡充が断続的に行われ、儒学や武術に加えて医学の講義も始められた。しかし、藩校で学ぼうとする者の数はなかなか増えなかった。

養賢堂が大きく発展する契機となったのが、文化六（一八〇九）年に大槻平泉《へいせん》が養賢堂学頭に就任したことである。大槻平泉は、通称を民治《みんじ》、名を清準《きよのり》と称し、代々の当主が磐井郡（岩手県一関市付近）の大肝入を務める豪農の出身で、一族には好学な者が多く、蘭学者として著名な大槻玄沢《げんたく》（一七五七～一八二七）も親族の一人であった。

藩から養賢堂の拡充を命じられた大槻平泉は、江戸に赴いて大学頭林述斎や堀田正敦の助言を得て、その施策をまとめた。それは、施設を充実させることにとどまらず、経営基盤強化のために新田を開発して独自財源を確保すること、学頭に運営や職員・学生の管理に関する権限を集中させること、成績優秀者を藩の役職に抜擢すること等が提言され、実行に移された。平泉が学頭に在職した約四〇年間、養賢堂の施設は充実し、蘭学・ロシア学・英学なども科目に加えられ、全国に冠たる藩校としてその名が知られるようになった。

大槻平泉の肖像画（仙台市博物館所蔵）

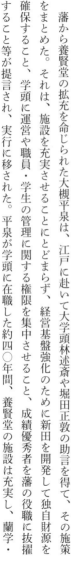

一一代藩主　伊達斉義（一七九八〜一八二八）

田村家からの養子

仙台藩で婿養子という形で最初に藩主になったのが田村顕嘉《あきよし》あらため伊達斉義《なりよし》である。一関藩五代藩主田村村資《むらすけ》の三男であった。

文政二（一八一九）年に一〇代藩主斉宗の病が重篤になり、その後継者が喫緊の課題となるなか、登米伊達家一一代当主伊達宗充《むねみつ》の嫡子幸五郎（二歳）、涌谷伊達家一〇代当主伊達村清の嫡子源次郎（一二歳）とともに二二歳であった顕嘉も後継者候補に挙げられた。顕嘉と幸五郎は五代藩主吉村の曾孫、源次郎は六代藩主宗村の玄孫ということで、藩主家の血筋により近いことに年齢も考慮され宗嘉が斉宗の後継者に選ばれ、斉宗の一人娘である蓁子《もとこ》（芝姫《あつひめ》）の婚約者となった。斉宗の没後まもなく、顕嘉は宗義と改名し、さらに八月には一一代将軍徳川家斉の一字を拝領して斉義と改名し、一一代藩主の座に就いた。

伊達斉義肖像画（仙台市博物館所蔵）

つかの間の小康

斉義治世下の文政年間は、大きな災害も少なく、仙台藩を取り巻く情勢は比較的安定していた。蔵元であった大坂商人升屋との関係も悪くなかったが、江戸の米価が下落傾向にあり、徐々に財政状況は悪化していた。加えて、文政六（一八二三）年に関東諸河川の普請を幕府から命じられ、最終的に工事は免除されたが八万九千両余の経費を幕府に納めることになり、さらに文政七年には江戸上屋敷が焼失するなど、出費も多く、文政八年六月、斉義は藩内に倹約を命じるとともに、蔵元などからの借財を増やして窮乏する藩士を救済する方針を示している。

そうしたなかで文政一〇年九月、斉義は体調を崩し、次第に病状は悪化した。回復が難しいと判断した藩上層部は、斉義に男子があったもののまだ三歳だったことから、斉義の従兄弟でかつて斉義とともに藩主候補となった登米伊達家の幸五郎を婿養子とする方針を固めた。

一方で、斉義の病状悪化を察知した幕府老中は、斉義の正室蓁子《もとこ》に将軍徳川家斉の子を嫁がせて斉義の後継者とする案を提示してきた。しかし仙台藩側はこれを拒絶し、幸五郎を後継者とする方針を堅持するなか、一一月二七日に斉義は三〇歳でその生涯を閉じた。

コラム

仙台藩を知るための15人⑫

山片蟠桃（一七四八～一八二一）

生地の兵庫県高砂市に建つ山片蟠桃の銅像（写真提供／高砂市）

仙台藩の財政は、初代藩主政宗の時から赤字続きで、京の豪商であった阿形屋《あがたや》や大文字屋から融資を受けていた。その関係は長く続いたが、仙台藩からの返済が滞り、阿形屋は元禄一二（一六九九）年、大文字屋は宝暦年間（一七五一～六四）に破産してしまった。

その後は江戸や大坂の複数の商人から資金融資を受けていた仙台藩は、寛政九（一七九七）年、大坂の豪商升屋を蔵元とすることにした。升屋が仙台藩に融資を行い、その代償として藩外で売る米やさまざまな物産の取り扱いを升屋に委託することにしたのである。

この当時、升屋を仕切っていたのが番頭の山片蟠桃《やまがたばんとう》こと升屋小右衛門《こうえもん》である。『夢の代』を著した思想家として知られる蟠桃は、経営者としても一流で、破産に瀕した升屋の経営を立て直したことで有名な人物だった。仙台藩の財政を立て直すには江戸で売る米を増やすのが一番と考えた蟠桃は、「升屋札」と称される手形＝藩札を発行して米を買い集めた。仙台藩はそれまで何度も藩札を発行して失敗していたが、蟠桃は升屋札と現金の交換を滞りなく行わせ、これによって升屋札を信用のある紙幣として流通させることに成功している。

仙台藩と升屋の関係は三〇年以上続いた。蟠桃が経営に関与したことにより「仙台の米は升屋の米」と陰口されながら、大きな凶作がなかったこともあり、逼迫することの多かった仙台藩の財政は、つかの間の小康を得ることができた。

一二代藩主　伊達斉邦（一八一七～一八四一）

幕府の意向に反して

一一代藩主斉義《なりよし》の婿養子となって一二代藩主となった伊達斉邦《なりくに》は、文化一四（一八一七）年九月二八日に一門登米《とよま》伊達家の一一代当主伊達宗充《むねみつ》の長男として誕生した。母は白石城主で奉行も務めた片倉村典《むらつね》の息女常で、幼名を藤三郎、後に幸五郎と名付けられた。

文政二（一八一九）年、一〇代藩主斉宗の容態が悪化した際に、その後継者候補の一人となったが、幼年でもあり見送られた。その後、斉宗の跡を継いで一一代藩主となった斉義の病状が重くなり、回復のめどが立たなくなった文政一〇（一八二七）年、藩主後継者として一一歳に成長した幸五郎の名が再び挙がった。

幕府側は将軍徳川家斉の子を婿養子に入れ斉義の後継者とすることを望んだが、仙台藩側はこれを拒絶。一一月に斉義が死去した後、一二月に襲封が認められ、翌年一月に一旦宗礼と改名した後、二月に江戸城中で元服し、将軍家斉の一字を拝領して斉邦と改名した。

伊達斉邦肖像画（仙台市博物館所蔵）

相次ぐ災害

比較的平穏だった斉義の治世に比して、斉邦が藩主の座にあった時期は苦難の連続となった。文政一二（一八二九）年八月と天保二（一八三一）年七月に大雨があり、仙台城下では広瀬川が氾濫して複数の橋が流失する事態となった。天保六（一八三五）年六月には大きな地震があり、仙台城の石垣の一部が崩落したほか、沿岸部では津波の被害もあった。

しかしこれはその後の災害の序曲のようなものであった。天保四年は長雨と低温が続いた上に六月に大雨があり、仙台藩領を含む奥羽は大凶作となり、飢饉が発生した。凶作は天保六年から九年にかけても連続し、天保の飢饉と称される大災害に発展した。

さらに長年にわたって蔵元を務めてきた大坂商人升屋との関係が悪化し、天保六年に升屋は蔵元を解任され、仙台藩の財政は仙台城下の有力商人に依存せざるを得なくなった。

こうした状況下、斉邦は被害に心を痛め、天保四年には幕府から特別の許可を得て一一月に帰国し、「養子である自分は預かった領民を飢えや寒さから守れるなら命を縮めてもかまわない」「民を憐れむ心がない者は、藩の役職に就く資格がないと心得よ」と藩士を叱咤し、飢饉に苦しむ人々の救済や不正を行った藩役人の解任、藩の格式を一〇万石相当として経費節減に努めるなどの対策を進めた。

その後の凶作・飢饉に際しても斉邦は、実父である伊達宗充の助言を得ながら、有能な人材を登用するなど藩主主導で災害対策と藩政改革を進めようとした。一方で、藩校養賢堂《ようけんどう》については、その活動が停滞しないように、特段の配慮を行っていることも注目される。

反発との対決のなかで

こうした斉邦に、領民は「民の父母ともいうべき賢君」「飢饉対策に尽力し、報じても尽くせないほどの厚恩を受けた」などと評価し、江戸でも水戸の徳川斉昭《なりあきら》、京都所司代として天保飢饉の救済に尽力した三河吉田藩主松平信順《のぶより》と並んで「日本三賢君」の一人と評する声もあった。

一方で、斉邦の政治方針には藩内の反発も少なくなかった。とくに抜擢人事などに一門層を中心とする勢力から批判が集まり、災害が続くのは斉邦の政治方針が誤っているから、との批判すら出てくることもあった。

そうしたなかで斉邦は倹約を率先して行おうと、もっぱら茶粥を主食とするようになったが、栄養不足によって脚気《かっけ》を発症し、数年間その症状に悩まされたあげく、天保一二（一八四一）年に参勤交代で江戸に到着してから病状が急速に悪化し、七月二四日、ついに落命するに至った。二五歳の若すぎる死であった。

コラム

仙台藩を知るための15人⑬

伊達式部宗充（一七八七〜一八四三）

伊達騒動以降、仙台藩政の大きな火種に藩主と一門の対立という構図があった。一門の核は涌谷《わくや》伊達家であることが多かったが、同じ一門でも登米《とよま》伊達家は少し違った政治姿勢を採る傾向があった。伊達騒動のなかで涌谷伊達家と登米伊達家が対立したことの影響も考えられるが、実は登米伊達家は他の一門とは毛色を異にする家柄だった。

一門のほとんどは藩主家との血縁関係・縁戚関係を持ったが、多くの場合、そのような関係は江戸時代二百数十年の間に二、三度程度であった。しかし登米伊達家は、藩主家から養子を迎えることが四度におよび、さらに江戸時代後期の藩主、一一代斉義《なりよし》、一二代斉邦《なりくに》、一三代慶邦《よしくに》はいずれも登米伊達家の血筋に連なっていた。こうしたことから、一門がしばしば藩主と対立したのに対し、登米伊達家は藩主をサポートするような行動を採る事態が少なからずみられた。それが顕著なのが、一一代当主で五代藩主吉村の孫にあたる式部宗充《むねみつ》であった。それは宗充の嫡子幸五郎が一二代藩主に迎えられた伊達斉邦だったことによる。

藩主となった斉邦は、数年にして天保の飢饉に直面した。財政再建や困窮者の救済に苦慮する斉邦は、奉行や側近だけでなく、実父の宗充にも助言を求めた。自身も新田開発や河川改修など民政に心を砕いた宗充の存在は、斉邦の心の支えでもあったろう。飢饉収束後、宗充・斉邦の親子は相次いでこの世を去るが、それは飢饉の最後の犠牲者であったのかもしれない。

仙台城大手門下にあった登米伊達家の屋敷。赤く塗られた門が名物だった（仙台市博物館所蔵「慶応元年仙台城下図屏風」より）

コラム

仙台藩を知るための15人⑭

佐藤助五郎（一七九一～一八四六）

天保四（一八三三）年は大冷害の年となった。おりしも数年前から少しずつ路線対立を深めていた仙台藩と升屋の関係が急速に悪化し、升屋が蔵元を降りる事態に至った。この前後から仙台藩は、仙台城下の豪商らを「為替組《かわせぐみ》」「融通組《ゆうずうぐみ》」に指定し、藩への資金融資や藩財政に関与させる政策を採った。こうして藩財政に関わるようになった城下商人の代表的存在が、佐藤助五郎（佐藤屋）と近江商人の中井新三郎（日野屋）だった。

このうち中井新三郎は、近江国蒲生郡（滋賀県日野町）を本拠とする中井源左衛門家のいわば仙台支店の法人名で、中井新三郎という人物は実在せず、実際は近江から仙台に派遣された番頭が近江の本家の指示を受けながら仕切っていた。

一方、佐藤助五郎は呉服などを扱う、実在する仙台城下きっての豪商だった。冷害が天保六年から九年にかけても連続し、大飢饉となるなか、助五郎は藩に多額の献金をして三〇〇〇石の武士身分を獲得。佐藤助右衛門季明《すえあき》の名で、天保七年には勘定奉行に任じられて藩の財政立て直しを任されるとともに、困窮した人々の救済を命じられた。助五郎は万人講《まんにんこう》という一種の宝くじを企画して多額の資金を集め、一万両を藩に納めて他地域から救済用の米を買い入れる資金とした。また私財を投じて松皮餅《まつかわもち》を作って困窮した人々に供するなど救済に熱心に取り組んだ助五郎を、藩内の人々は「お助け様」と呼んだと伝えている。

大店が並ぶ仙台城下大町。佐藤助五郎の店もこの大町にあった（仙台市博物館所蔵「慶応元年仙台城下図屏風」より）

コラム

仙台藩を知るための15人⑮

小倉三五郎（一八一〇〜一八七二）

新型コロナウイルスが猛威をふるうなか、感染症克服の歴史が注目されている。近代以前の日本でも、麻疹《ましん》（はしか）やインフルエンザなどの感染症が流行したが、なかでも恐れられたのが「疱瘡《ほうそう》」と呼ばれた天然痘だった。感染力が強く高熱を発するこの病気は、多くの人の命を奪い、伊達政宗が右目を失明した原因も天然痘であったことはよく知られている。

しかし天然痘は、牛が罹患《りかん》する天然痘を人体に接種する種痘《しゅとう》という予防法が確立され、現在では根絶されている。日本における種痘は寛政二（一七九〇）年に九州で試みられた後、次第に全国に広まった。仙台城下周辺では、嘉永三（一八五〇）年頃に名取郡長町（仙台市太白区）の小倉三五郎《おぐらさんごろう》が自分の子供に試み、その効果を確認し、後には仙台城下河原町や五軒茶屋に種痘所を設け、自費をもって多くの人に種痘を行っている。

この小倉三五郎は長町で酒造を営む素封家で、後に長町に隣接する郡山村の肝入、さらに名取郡北方の大肝入を命じられた篤農家でもあった。三五郎は、家業と村役人としての務めに加えて、仙台藩の新田開発政策や特産品振興政策にも関わり、山林の育成や長町周辺での茶の栽培、名取川河口での塩田事業などにも関与した。幕末の仙台藩は、仙台城下の豪商に加えて、小倉三五郎のような農村の素封家・名望家を組織し、産業構造の改良や財政再建を図ろうとした。しかし、その成果が実を結ぶ前に、幕藩体制は終焉を迎えたのだった。

種痘の様子を見る黒い羽織姿の小倉三五郎（仙台市博物館所蔵『修身図鑑』より）

一三代藩主　伊達慶邦（一八二五～一八七四）

伊達慶邦肖像画
（仙台市博物館所蔵）

最後の藩主

仙台藩最後の藩主となったのが伊達慶邦《よしくに》である。文政八（一八二五）年九月六日に一一代藩主伊達斉義《なりよし》の二男として誕生した。母は側室の山本氏恒子（延寿院）。幼名は穣三郎《じょうざぶろう》と名付けられた。兄の祺《よし》丸が穣三郎誕生の翌年に早世したため、斉義の跡継ぎとなることを期待されたが、文政一〇（一八二七）年に父斉義が死去し、穣三郎はまだ三歳と幼少だったため、一二代藩主は姉徽子《のりこ》（綏姫《まさひめ》）の聟となった伊達斉邦《なりくに》が継ぐことになった。しかし、藩の基本方針は、斉邦はワンポイントリリーフであり、斉邦の次は穣三郎を藩主にするというもので、斉邦もそれを十分に理解し、天保八（一八三七）年一二月に斉邦と徽子の婚礼が行われた直後、穣三郎は斉邦の養子となり、藤次郎寿村《としむら》を名乗り、翌年二月に元服し、将軍徳川家慶から一字を賜って慶寿《よしとし》と改名した。

天保一二年七月に斉邦が病死すると、慶寿は一三代藩主となり、天保一四年には慶邦と改名。その翌年弘化元（一八四四）年には近衛忠熙《ただひろ》の養女備子《とみこ》（綱《つな》姫）を正室に迎えている。

激動の時代へ

　慶邦が藩主となってしばらくは、比較的落ち着いた世情だったが、襲封して一〇年頃から再び水害が頻発するようになり、さらに嘉永六（一八五三）年には、幕府から江戸城修復の費用として九万三千両の上納を命じられるなかでペリー来航に遭遇することになる。仙台藩でも沿岸の警備体制を整える必要に迫られ、また安政二（一八五五）年には蝦夷地の警備を命じられ、その範囲は現在の北海道東部から国後島・択捉島に及ぶ広大なものだった。翌年には洋式軍艦の製造に着手するなど洋式軍備の整備にも着手した。

　このような時局に対応するには、多額の経費を要した。仙台藩は近江商人の中井家を蔵元として、この難局に対処しようとし、新田開発と米の移出の促進、特産品の専売、藩札の発行などの施策を実施したが、成果は思うようには上がらなかった。

　一方、藩内では開国派と攘夷派が対立を深め、また奥羽の雄藩としての行動に期待を寄せる朝廷と幕府の板挟みになるなか、慶邦は幕府・朝廷双方の要請に従って、文久三（一八六三）年、

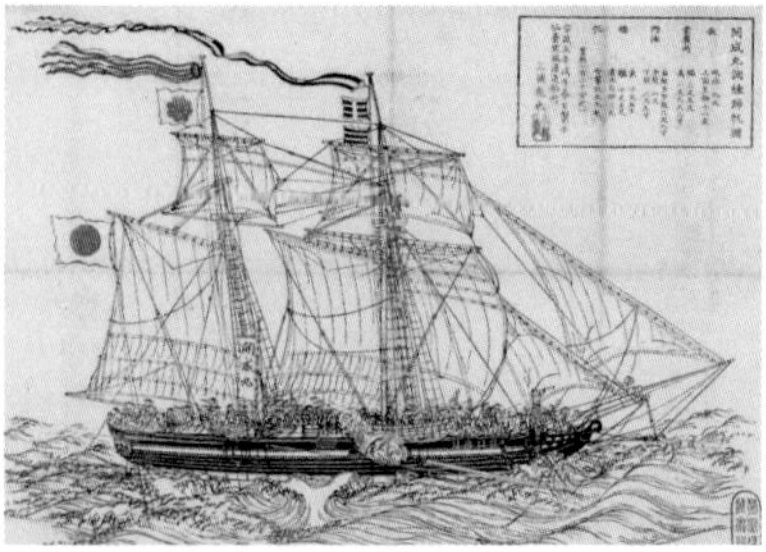

仙台藩が建造した洋式帆船開成丸を描いた版画（仙台市博物館所蔵）

仙台藩主として二百数十年ぶりに上洛した。しかし、幕府・朝廷のどちらか一方に偏ることを嫌った慶邦は、財政難を理由に早々に京を離れる選択をした。

一見すると慶邦の選択は、日和見的、どっちつかずの中途半端な行動に見えるが、その背景には、長年にわたる幕府との関係を重視しながら尊王の姿勢も保持したかった慶邦の意思があった。またこの時期、藩内に傑出した指導力を持つ重臣がおらず、開国派と攘夷派が拮抗し、双方の思想に理解を持つ慶邦もその対立を解消するための施策を強行する蛮勇を持たなかったことが、仙台藩の混迷を深めることにもなった。

近世の終焉

幕末・戊辰戦争時の仙台藩については、大藩ゆえに保守的な思想が強く、藩政改革も実行が十分にできない旧態依然とした体制だったために時代の変革に乗り遅れてしまった、と考えられることも多い。しかし、その見方は正しい側面もあるが、かなりの部分で事実を正確には把握していない論とも言える。実は仙台藩では中下級の藩士が登用される例は以前からしばしば見られ、戊辰戦争時の指導者層には一〇〇石未満の家柄の出身の者も何人も含まれていた。また、活用が十分とは言えなかったが、早くから西洋銃の導入や洋式船の建造・購入に取り組み、その財源として生糸や鉱石を横浜に運送して海外との商取引も進めていた。政治的には、国持ち大名などとの協調関係を基軸に、他藩との情報交換や連携も進めていた。全体的には開明的で穏健な改革路線を志向していたと言える。

しかし慶邦の常識的な方法論は、薩摩藩・長州藩の暴力革命的、急進的な方針にかなうはずもなかった。慶応四（一八六八年＝明治元年）年一月の鳥羽伏見の戦いに始まる戊辰戦争のなかで、慶邦は公明正大な議論を尽くすべしとの主張を持ち続け、それに沿った形で結成された奥羽越列藩同盟は、薩摩・長州が主導した明治新政府の戦争方針と衝突し、ついに敗北を喫してしまったのであった。

こうして近世の終焉を迎えた慶邦は、戦争の責任を問われて謹慎を命じられ、仙台藩は慶邦の子亀三郎を当主に二八万石で存続することを許された。ただし、二八万石と言ってもかつての表高六二万石を基準にしたものではなく、実高一〇〇万石を算定基準としたなかでの二八万石なので、実質的には約四分の一に減封されるという厳しい処分だった。

その後、慶邦は東京に住み、祖先祭祀を神道に改め、自らも神道を布教をするために設けられた宗教官史の教導職に就き活動するなか、明治七（一八七四）年七月一二日に五〇歳で没した。


【初出】「歴代藩主人物録」「仙台藩の一五人」ともに新稿。

二　白石城と仙台藩の要害

江戸時代、仙台藩では藩主の居城として仙台城、そして支城として藩領南部の要衝に白石城の所有を幕府から公認されていた。そしてその他にも仙台藩内には戦国城郭の系譜をひく「要《よう》害《がい》」と呼ばれる城郭施設が二〇近くもあることも、広く知られている。しかし、この「要害」については幾つかの誤解などもあり、その経緯や性格については、多くの誤解を持たれている。

例えば、そうした誤解の一つとして、「仙台藩初代藩主伊達政宗は、天下への野望を持っていたため、領内各所に城を存続させた」というような考えがある。また白石城の存在も含めて「仙台藩は一国一城令の例外として、特別に白石城や要害の所有を幕府から認められた」というようなことが言われることもある。こうした認識の是非、そして「要害」はどのような経緯で存続を許されたのか、概観してみたい。

江戸時代初期の支城

「要害」の性格を知るには、やはり豊臣政権下における「城割《しろわり》」の状況を確認する必要がある。

天正一八（一五九〇）年から一九年にかけて行われた奥羽仕置では、奥羽の諸大名も領内の城郭の整理を豊臣政権から命じられた。南部氏のように、居城の他は僅かな数しか存続を許されなかった例がある一方で、伊達氏と最上氏の領内では相当数の城郭が存続したことが確認されている。ただ、伊達領においては無条件に存続が認められたわけではなく、とくに新しく与えられた旧葛西領・大崎領については、仕置を実施した豊臣政権側が存続する城郭を指定し、一部には修築を加えたうえで伊達氏側に引き渡されている。そうしたものも含めて、江戸時代初期の時点で伊達領内に存続した支城は、三〇城以上におよんだと推定される。

ちなみに、最上領内では、元和八年の改易時に居城である山形城のほかに二一の支城が残り、また関ヶ原合戦後に三〇万石に減封された米沢藩でも江戸時代初期には一〇近い支城が維持されていたことが知られている。

近年、東北地方を含めた東国では一国一城令は発令されなかった、という見解が有力となっている。実際、江戸中期の状況を見ると、盛岡藩は花巻城、久保田藩（秋田藩）は大館城と横手城、鶴岡藩（庄内藩）は亀ヶ崎城、会津藩は猪苗代城を居城とは別に城として存続させている。米沢藩も藩主の急逝で寛文四（一六六四）年に一五万石に減らされる以前の三〇万石時代は、江戸初期よりは整理されたが、それでも高畠城・福島城・大森城・梁川城と四つの城を残していた。仙台藩だけが特別な例外でなかったことは確かである。

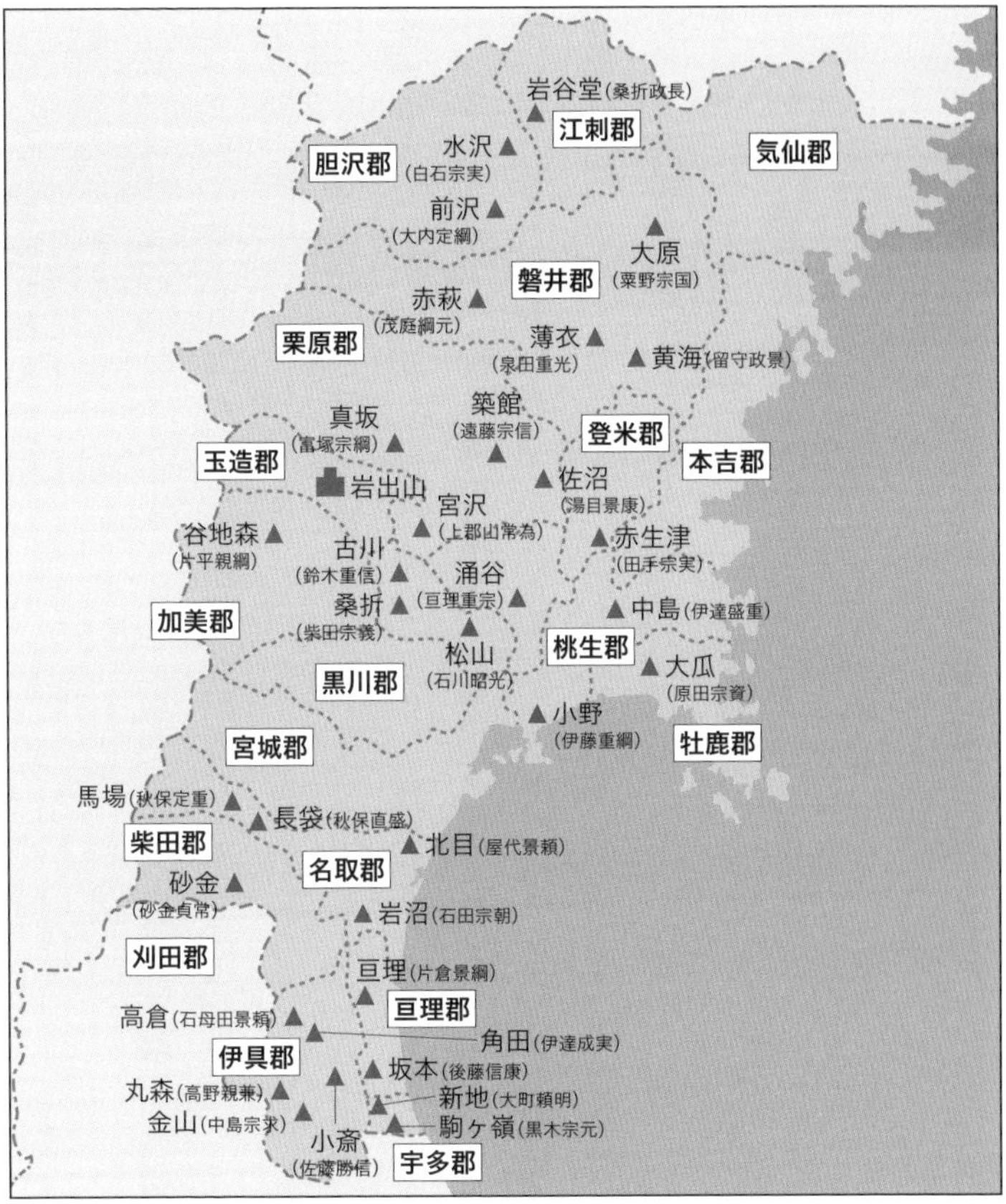

文禄年間における主な重臣配置

「城」として残された白石城

仙台藩内では、伊達氏の居城であった仙台城のほかに白石城が江戸幕府から「城」として公認されていたということはよく知られている。白石城はなぜ「城」と公認され、また後で紹介する「要害」とは別の扱いを受けたのだろうか。

一つには、白石城の規模があると思われる。白石城がある刈田郡は、南北朝時代以降長く伊達領であったが、天正一九（一五九一）年に豊臣政権に収公され、蒲生氏郷に与えられた。そうなると、刈田郡は蒲生領の最北端、伊達領と境を接する要地となり、蒲生氏は白石城を大規模に改修したと推測される。江戸時代に片倉家の居城となった白石城の原型は、蒲生氏の改修が基礎となっていたとみてよい。本丸を四周する石垣や、三階櫓をはじめとする本丸の櫓群も、蒲生氏が築造したものと推測されるし、武家屋敷街の一部を囲い込む広大な外郭の状況も豊臣系城郭になって出現するもので、やはり蒲生氏の手によるものである可能性が極めて高い。

白石城が蒲生氏によって大改修されたことは、白石城の東約一五キロメートルに位置する角田城との比較によっても容易に確認できる。

角田城は、江戸時代には仙台藩士のなかで家格が最も高かった一門筆頭の石川家の居城となっていた。寛文年間の時点で石川家の知行高は一七、八七六石。一七、三五七石の片倉家とほ

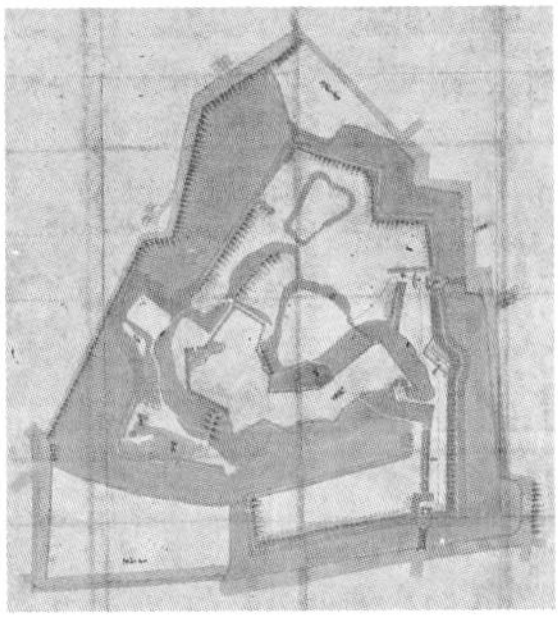

絵図に見る白石城と角田要害（約1/10,000）
上／白石城絵図（白石市教育委員会所蔵）
下／角田要害屋敷絵図（宮城県図書館所蔵）

のだった。

ぼ同レベルである。しかし、その居城であった角田城は、白石城と比べてかなり見劣りするも

角田城は白石城と同じ平山城で、全体の規模は、四五〇メートル×四〇〇メートルほどで外郭をもっていない。この規模は、白石城の本丸・二の丸・中の丸・南の丸を合わせた部分とほぼ同等だが、白石城の場合はさらに西郭・沼の丸と三の丸、さらに外郭（外曲輪）もあり、角田城よりも圧倒的に規模が大きい。施設面でも、白石城は、三層櫓一棟、二階櫓二棟、二階門四棟があり、本丸の周囲は石垣が構築されているが、角田城には二階建ての兵具蔵一棟があるほか、櫓や二階門はなく、石垣も構築されていなかったようだ。江戸時代に描かれた絵図を見ても、近世城郭としての規模や成熟度に大きな差があったことを明瞭に読みとることができる。白石城と角田城の差は、伊達氏に対する重要拠点として最新の築城技術を導入して築いた城と、豊臣政権下で進歩した築城技術を十分に自家薬籠中のものとしきれておらず、戦国時代の城郭を部分的に修築したにとどまった伊達氏の差異であったと見て間違いないだろう。

さらに白石城は地政学的に見ても重要な場所に位置していた。白石城は仙台藩領の最南端に位置し、かつ仙台藩領を南北に貫通する奥州街道に面している。すなわち、仙台藩領を南から侵攻しようとする敵に対する最前線を支える拠点となる地点になる場所であった。

そしてもう一つ、城主が片倉家であったことも大きく影響したと考えられる。白石城主片倉

家の初代であった小十郎景綱は、伊達政宗の前半生における重臣の一人であることはよく知られている。しかし、その出自は、片倉本家は伊達氏重臣の家柄であったが、景綱はその傍流であり、景綱晩年になっても伊達氏家臣団のなかでの序列＝家格は上から数えて四〇番前後で、決して高いものではなかった。一方で、片倉景綱は、対外的には伊達氏家中で最有力の重臣の一人と見なされ、豊臣政権は景綱に対して政宗とは別に伏見に屋敷を与え、関ヶ原合戦の後、徳川家康もやはり景綱に対し江戸に屋敷を与えたと『片倉代々記』は記している。

つまり豊臣政権も徳川政権も、片倉景綱を政宗の重臣筆頭と見なすと同時に、独立の大名に準じた扱いをしていたのである。関ヶ原合戦後、病床にあることが多かった片倉景綱は、表舞台に立つことはほとんどなくなったが、その跡を継いだ重綱については、重綱に宛てられた諸大名や旗本からの書状が数十通確認されている。伊達氏の重臣で、これほど他大名や旗本と書状を往復していた者は確認できない。やはり片倉家は景綱以降も、仙台藩最有力の家臣と見なされていたのであろう。大大名の最有力重臣の居所が幕府から城と認められた例は、尾張藩徳川家・紀州藩徳川家・熊本細川家・広島藩浅野家などにも例がある。

このように、白石城は複数の要因から「城」として存続が認められたもので、名実ともに次に紹介する「要害」とは一線を画する存在だったのである。

「要害」とされた城

白石城も含めて、江戸時代前期に存続した支城を仙台藩内では「城」と呼んでいたようである。仙台市博物館には、正保城絵図と描写方法が良く似た城絵図が一三点（岩谷堂・金ヶ崎・水沢・登米・佐沼・岩出山・涌谷・岩沼・亘理・坂本・角田・金山・白石）残っているが、それぞれの絵図には「●●城」と明確に記されている。藩内限りとは思われるが、「城」の名称が一七世紀半ばまで継続して使用されていたことをうかがわせる。

しかし、江戸時代も半ばになると、このような仙台藩における支城の継続状況を、江戸幕府も問題視するようになった。

天和二（一六八二）年に仙台藩は、それまで「城」と称してきたものも含めて、家臣が居住する在郷の屋敷を「居館付」「居所付」「居所付相除」に分類した。これは幕府の指令により、

一門	石川大和	伊具郡角田
一門	伊達安房	亘理郡小堤
一門	伊達将監	胆沢郡水沢
一門	伊達安芸	遠田郡涌谷
一門	伊達大蔵	登米郡寺池
一門	伊達数馬	江刺郡岩屋堂
一門	伊達弾正	玉造郡岩出山
一家	大条藍物	亘理郡坂本
一家	大町備前	胆沢郡金ヶ崎
一族	中島左衛門	江刺郡上口内
宿老	後藤孫兵衛	遠田郡不動堂
宿老	津田民部	栗原郡佐沼
着座	古内左門	名取郡岩沼
一家	黒木上野	志田郡師山
一族	上郡山九右衛門	栗原郡宮沢
一族	沼辺大炊	江刺郡人首
一族	砂金臨吉	柴田郡川崎
一族	高野与惣左衛門	刈田郡平沢

貞享４年に認定された要害とその城主

領内に残存する戦国城郭の系譜をひく支城を整理し、幕府との関係で制度的に位置づけようとしたものであった。

さらに貞享四（一六八七）年に至って、角田や岩出山以下一八カ所の支城が「要害屋敷」として幕府に公認され、その修築に関しては幕府への届け出や認可を受けながら仙台藩が管理をして実施する要害制が成立したのである。この時「要害屋敷」と認定されたのは以下のとおりである。

岩谷堂《いわやどう》・人首《ひとかべ》・上口内《かみくちない》・金ヶ崎・水沢・宮沢・岩出山・佐沼・登米・師山《もろやま》・涌谷・不動堂・岩沼・川崎・亘理・坂本・角田・平沢

この後、仙台藩の要害は、高清水・船岡・金山・谷地小屋が加えられ、一方で師山が除外されるなど、約二〇カ所が幕末まで存続することになる。その分布は、藩領北部および南部の、他領とのいわゆる「境目」に近い場所に配されたほか、岩出山や登米・佐沼・岩沼などのように、古くからの要衝に存在した。

それぞれの要害の状況はさまざまであるが、石垣、二階門や小規模な櫓、発達した虎口《こぐち》や枡形などの防御施設を有するものもあり、基本的には、城郭として一定の機能は担保されたものであった。しかし、総体的に見ると、近世城郭としての発達状況は不十分で、その過半は大軍の攻撃を支えられるようなものではなかった。したがって、要害の基本的性格は、軍事要塞と

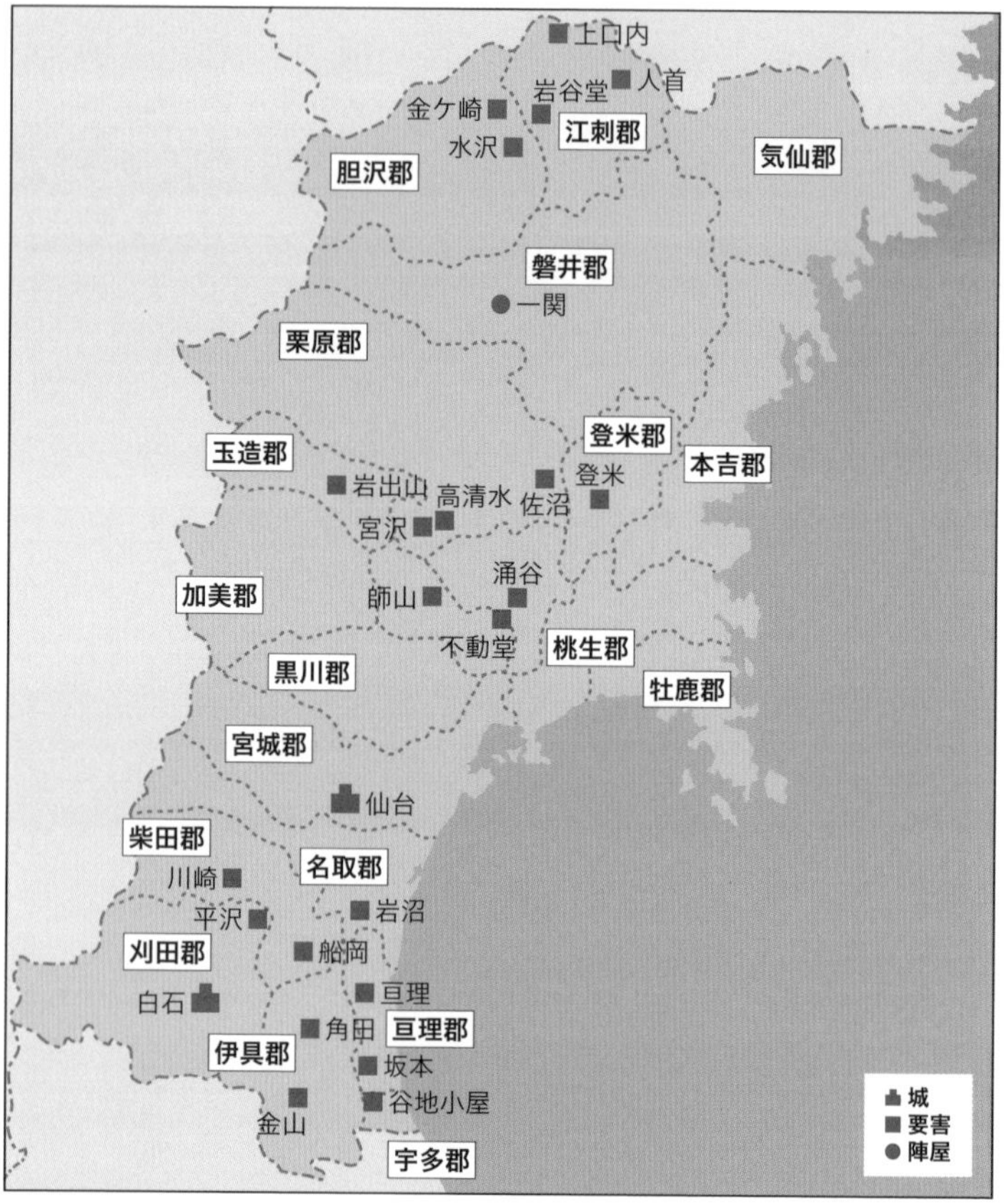

仙台藩の城と要害の分布

見るよりは、地域支配の拠点としてみるのがより適切なものと考えられる。
このように、要害は四代藩主綱村の時に成立した制度であり、それぞれの城＝要害は中小規模の軍事的衝突ならともかく、幕府を仮想的と見なした場合に想定される大規模な攻城戦（＝攻撃側の兵力が一万人以上）に耐えうるものではなかった。要害の配置を「政宗の野望云々」と解するのは、歴史的事実に反することは明白である。

【補注】本稿で紹介した白石城と要害の他に、岩手県一関市の一関城は、古くは留守政景、伊達騒動時には伊達宗勝が居城とした有力な支城であったが、その後、仙台藩の支藩である田村氏が居館とし、「陣屋」扱いで、仙台藩の要害とは別の扱いとなっていた。

【初出】『東北の名城を歩く　南東北編』（吉川弘文館　二〇一七年）収録の「お城アラカルト　仙台藩の要害」を、白石城の内容や図版を加えるなど大幅に改稿したもの。この分野は、書こうと思うといくらでも書けそうなので、別の機会に詳述することができればと思う。

三　仙台藩政史の再評価

仙台藩の石高

仙台藩の石高が六二万石である。現在の宮城県全域（本吉・登米・栗原・玉造・志田・遠田・加美・黒川・桃生・牡鹿・宮城・名取・柴田・刈田・伊具・亘理の諸郡）、岩手県の南半分にあたる気仙郡・江刺郡・胆沢郡・磐井郡、福島県の新地町（宇多郡の北半）で計六〇万石。これに常陸国などで一万石、近江国一万石の飛び地を加えて六二万石となる。これは、加賀藩前田家の一〇四万石、薩摩藩島津家の七七万石に次ぐ、全国で三番目の石高となっている。

　仙台藩の石高《こくだか》については、「仙台藩は六二万石だが、実は新田開発によって実質一〇〇万石、あるいは二〇〇万石ある」と評されることがある。仙台藩の六二万石という石高は、幕府から

仙台藩領

公認された数値で、こうした石高は「表高《おもてだか》」と称される。将軍から藩主に与えられる領地判物《りょうちはんもつ》や、大名の名前や石高、領地や江戸屋敷の所在地などを記して出版された「武鑑《ぶかん》」と呼ばれる人名録に記される石高は「表高」である。幕藩制の研究は、この「表高」について、実態を示したものではなく、中央政権＝幕府と大名とが政治的に調整した数字であることを明らかにしている。すなわち、大名の石高＝表高は、大名の序列の基準、戦時の際に引き連れるべき軍勢や手伝い普請などにおける工事分担量の目安となる数字であった。大名の領地の実際の生産高（「実高《じつだか》」「裏高《うらだか》」と呼ばれる）は表高よりも上回るのが普通であった。

仙台藩の実高は、二代藩主忠宗の頃には約七五万石で、四代藩主綱村の頃に約一〇〇万石となり、幕末までこの値が維持される。そしてこの実高＝一〇〇万石は、幕府も承知している数字であった。江戸時代中期以降、領内が凶作に見舞われると各藩はその状況を幕府に報告するようになるが、仙台藩でも天明飢饉や天保飢饉の際に、凶作で収穫がなかった分＝損亡高を、最大で九一万石などと表高を上回る石高を堂々と報告している。

しかし、仙台藩が幕府に報告している実高一〇〇万石も、仙台藩の実際の生産高よりもかなり低い数字であったようだ。仙台藩の一〇〇万石という実高は、実は仙台藩の検地帳、すなわち課税台帳に登記された生産高にすぎない。しかし仙台藩は検地の際に厳格に耕地を登記することを戒め、また小規模の開発等においては検地を受けないままになることが普通であった。

したがって新田開発が進むなかで、藩内には検地帳に登記されず、年貢を納める必要のない「余計《よけい》の地」と称される耕地が大量に存在するようになった。そうした「余計の地」を含めた仙台藩領の真の生産高は少なく見積もっても一五〇万石、おそらくは二〇〇万石近くに達していた可能性が高い。

	表高	実高		
		寛永検地以前	寛永検地後	江戸中期以降
気仙郡	12,901石	14,064石	14,383石	15,522石
江刺郡	26,627石	29,029石	32,402石	40,587石
胆沢郡	47,582石	51,874石	59,576石	77,031石
磐井郡	59,317石	64,667石	69,000石	83,017石
本吉郡	15,173石	16,541石	18,348石	21,683石
登米郡	18,271石	19,919石	23,054石	40,372石
栗原郡	81,355石	88,692石	98,561石	135,970石
玉造郡	17,723石	19,321石	21,542石	24,907石
志田郡	29,256石	31,895石	44,753石	57,196石
遠田郡	31,041石	33,840石	37,735石	60,747石
加美郡	24,780石	27,014石	31,006石	39,247石
黒川郡	31,311石	34,135石	37,248石	43,611石
牡鹿郡	5,420石	5,909石	7,628石	14,927石
桃生郡	19,748石	21,529石	34,988石	73,442石
宮城郡	47,579石	51,869石	60,251石	75,436石
名取郡	44,515石	48,530石	54,223石	64,250石
柴田郡	19,886石	21,679石	23,932石	30,528石
刈田郡	19,992石	21,794石	21,984石	23,539石
伊具郡	26,535石	28,928石	30,203石	39,443石
亘理郡	15,868石	17,299石	17,752石	23,582石
宇多郡	5,120石	5,582石	5,989石	7,020石
合計	600,000石	654,111石	745,293石	992,057石

仙台藩領の表高と裏高

- 表高は将軍からの領地判物に付随する目録に記された数値。
- 実高のうち「寛永検地以前」は「正保郷帳」の本地分の数値、「寛永検地以後」は「正保郷帳」の本地分と新田分を足した数値、「江戸中期以降」は「天保郷帳」に記された数値。
- それぞれの数値は、石未満を四捨五入している。また「合計」の数値は、典拠となる史料に記載された数値を採用している。

一門と奉行

仙台藩の家格制で最高位にある一門は、戦国大名の後裔や藩主親族を祖にする一〇家ほどである。一門と藩政の関係については「一門は藩政に関わらない」と言われることがあるが、これは誤りで、正しくは「一門は藩の役職に就くことはない」である。

藩政初期の政宗・忠宗が藩主であった時代、一門衆が藩政に関わることはほとんどなかった。しかし、伊達騒動の発端となった三代藩主綱宗の強制隠居事件を契機に、一門はしばしば藩政に大きく関与するようになる。伊達騒動＝寛文事件がその代表例であって、一門が藩内対立の主役になっている。伊達騒動後は、藩主が親政を行って藩政改革を進めようとする際に、藩内の保守派を代表する形で一門衆が反対運動を起こす例が、何度も見られる。一方で、九代藩主政千代（周宗《ちかむね》）がわずか一歳で藩主となった際に、亘理伊達家・涌谷伊達家・登米伊達家の当主に藩内の治安維持が託され、また一二代藩主斉邦《なりくに》の治世下、斉邦は実父である登米伊達家当主の宗充《むねみつ》にしばしば助言を求めている。仙台藩政の歴史は、藩主と一門衆の緊張と協調の連続であったと言っても良いかもしれない。

仙台藩政における最高執行機関は奉行である。他藩の家老に相当するこの役職は、慶長一〇（一六〇五）年頃に、大条《おおえだ》実頼・奥山兼清・鈴木元信・津田景康・古田重直・山岡重長の六人が任じられたのに始まり、戊辰戦争期までに一三〇人以上の藩士がこの職に就いている。一般に家老と言えば、その藩の家臣でも最も高禄の家柄の者が選任され、世襲されることが多い。しかし、仙台藩で奉行となった家臣の名前を見ていくと、そうした一般論とはかなり違った状況であることが見て取れる。

まず奉行となった者の家禄を見ていくと、家禄一万石以上の出身で奉行になった例は、茂庭良綱・茂庭定元・片倉景長・片倉村典《むらつね》・片倉宗景の五例しかない。ほぼ、茂庭家と片倉家に限られている。ただ、茂庭家の場合は一七世紀半ばまでに限られ、片倉家の場合も伊達騒動直後や藩主幼少時、幕末の動乱期と非常時に限られ、一般的な奉行就任とは性格を異にしている。

一方で、家禄が一千石に満たない家柄の出身にもかかわらず累進して奉行になった者が二〇名近くいる。もっとも多いのは家禄二千石から四千石の家柄の者で、この傾向は奉行制の成立時からの傾向で、政宗によって任じられた前述の六人の禄はいずれも二千石から四千石の範囲内に収まっている。

次に世襲という視点で見ていくと、仙台藩の奉行は一概に世襲と言えない側面を確認することができる。

一家の大条家や宿老の遠藤家・津田家・但木家などは当主の多くが奉行となっており、世襲のような側面を見ることができる。また、江戸時代中期には一家の柴田家（朝意《とももと》―宗意《むねもと》―宗僚《むねとも》

―宗理）、宿老の後藤家（元康―寿康―良康）、後期には一家の泉田家（胤時―倫時―常時）、着座の芝多《しばた》家（康文―信憲―常煕―常則）のように三代から四代連続で奉行を輩出している例もある。

一方で、一人しか奉行を出していない家が二十数家あり、また奉行になった者が出たものの後が続かず、百年以上後代の当主が久々に奉行に就任したという例を幾つか見ることができる。奉行の人選がどのように行われていたか詳細は明らかではないが、ある程度は「家柄」が考慮されながらも「人柄」が重要視されたと見てよいだろう。

奉行以外の若年寄・出入司《しゅつにゅうつかさ》や郡奉行・町奉行・公儀使《こうぎし》といった実務能力を要する重職でも、世襲的な側面は希薄で、抜擢人事が普通に行われている。

仙台藩については「門閥の力が強く藩政は旧態依然たる傾向がある」と評されることがあるが、実は能力主義的な側面が藩政期を通じて貫かれている。近年、日本史研究では様々な面で見直しが進んでいるが、仙台藩の歴史もまだまだ課題は多く残っていると言えよう。

【初出】仙台藩志会会報『きずな』第六四号（二〇二〇年）に寄稿した同名の小文の内容を加除修正し、また関連の図版を加えた。
仙台藩志会では会員以外も参加できる公開講座「伊達学塾」を開催しており、仙台藩政に関わる内容も多く要注目である。

四　仙台藩の経済力
―江戸時代の本音と建前―

伊達六二万石

「伊達六二万石」と言われるように、仙台藩の「石《こく》高《だか》」は六二万石として知られている。では、この「石高」とは何を意味するのだろうか。

江戸時代における日本の基幹産業は、いうまでもなく農業、なかでも水田稲作だった。この基幹産業を政治の場で活用して、大名の領地の大きさを米の収穫量に換算したのが「石高」である。田の場合はそのままで良いのだが、麦・豆・野菜といった多種多様な作物がある畑、場合によっては宅地もすべて米の生産高に置き換えてその土地の評価高が示された。そうした耕地をひっくるめて、生産力を米で計

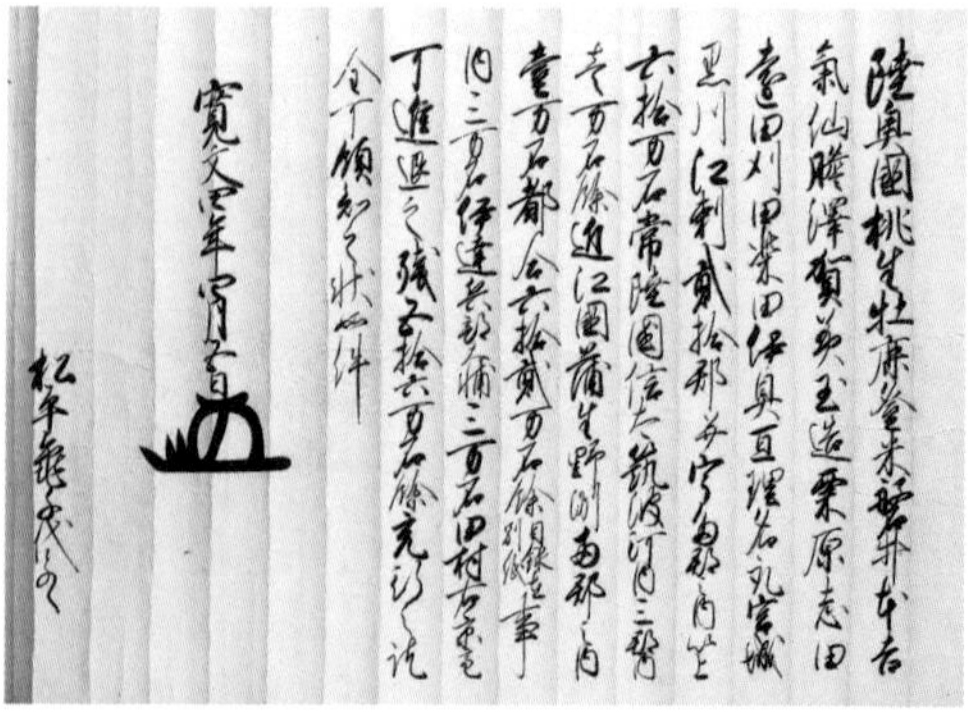

4代将軍徳川家綱が4代藩主亀千代に与えた領知判物。62万石を与える旨が記されている（仙台市博物館所蔵）

算するとどうなるのか、というのが「石高」の概念である。

石高で土地の生産力や大名の領地の規模を示す方法は、豊臣秀吉による太閤検地で一般化する。秀吉は全国統一を進めるなかで、田畑の面積を測量し、等級付けすることによりその耕地からの収穫量を算出して石高で示し、あわせて耕作者を確定する検地を行った。そして、この方式が江戸時代も引き続き用いられたのである。

仙台藩で言えば、石高が六二万石あるというのは、徳川幕府から伊達家が与えられた領地、すなわち現在の宮城県全域、岩手県南半分、福島県の一部と、茨城県、滋賀県にあった飛び地における農業生産を米に置き換えて算出したもの、ということになる。

しかし最近の研究は、大名の石高は「与えられた領地に応じて、大名が幕府に対して果たすべき軍役《ぐんやく》の基準額」だったことを明らかにしている。軍役とは、武士が主君に対して果たす軍事上の役割のこと。具体的には、合戦の際に兵を出すことや、築城などの土木工事の際に作業員や資材を出すことで、その際の負担量が、領地の石高に応じて割り当てられたのである。

例えば、江戸城の改修工事を行う際に、各大名は石高を基準に「千石あたり人夫●人を幕府に提供する」「一万石あたり●間の長さの工事を行う」という割り当てをされた。合戦であれば、一万石につき江戸時代前期までは三〇〇人、中期以降は二五〇人の軍勢を出すというのが江戸時代のスタンダードな軍役だった。仙台藩の領地は六二万石という評価なので、幕府の命令で出兵する場合は、二五〇×六二＝一万五千人以上の軍勢を出すということになる。

こうした軍役の基準となる大名の石高は、領地の農業生産力を基礎に算出されるが、幕府と大名の政治関係で変わることが往々にしてあった。

一例を挙げれば、宮城県の南部、白石市や七ヶ宿町・蔵王町を含む刈田郡は、豊臣秀吉によって蒲生氏郷、そして上杉景勝に与えられていた頃は郡全体で約三万八千石と評価されていた。関ヶ原合戦の後、伊達政宗の領地となった刈田郡は、以後、幕末まで仙台藩領となるが、仙台藩時代に幕府が認めた石高は豊臣政権下の評価高の半分、二万石にすぎなかった。関ヶ原合戦を境に刈田郡の農業生産が半減したとはとても考えられない。この刈田郡の石高がどのような経緯で変わったのかを明確に示す史料は残されておらず、石高が半減した正確な理由は不明である。あえて類推すれば、徳川方に付いた政宗に対する加増は刈田一郡のみにとどまったが、加増した刈田郡の軍役を半分にするという特典を政宗に与えたのだろうとも考えられる。

このようなことがあるため、大名の石高と、その領地における実際の生産高との間には、ずれが生じるのが普通であった。そうした軍役の基準となる石高は「表高《おもてだか》」、実際の生産高は「内高《うちだか》」または「実高《じつだか》」「裏高《うらだか》」などと呼ばれた。内高が表高より多いということは普通のことで、それは幕府と大名の暗黙の合意があったと言ってよい。「内高」が「本音」で、「表高」が「建前」と言ってもよいだろう。

一〇〇万石の真偽

仙台藩の場合、表高は六二万石ということになるが、内高はどれくらいあったのだろうか？　仙台藩では新田開発が盛んに行われ、実際は一〇〇万石あったなどと言われるが、この一〇〇万石こそが仙台藩の内高に相当する。そして注意すべきは、この一〇〇万石という数字は、秘密でもなんでもなく、幕府も承知した数値だったということである。

伊達政宗が死去してから約一〇年経った正保二（一六四五）年、幕府は諸国に対して、国ごとの絵図と村ごとの生産高＝村高をまとめた帳簿＝郷帳《ごうちょう》を作成して提出するよう命じている。その時に仙台藩が幕府に提出した郷帳に載せられた村高を集計すると七四万五千石という数値であった。その後、貞享元（一六八四）年には九三万石、さらに三〇年ほど経った享保年間には一〇〇万石という内高の数値を仙台藩は幕府に報告している。以後、その内高一〇〇万石と

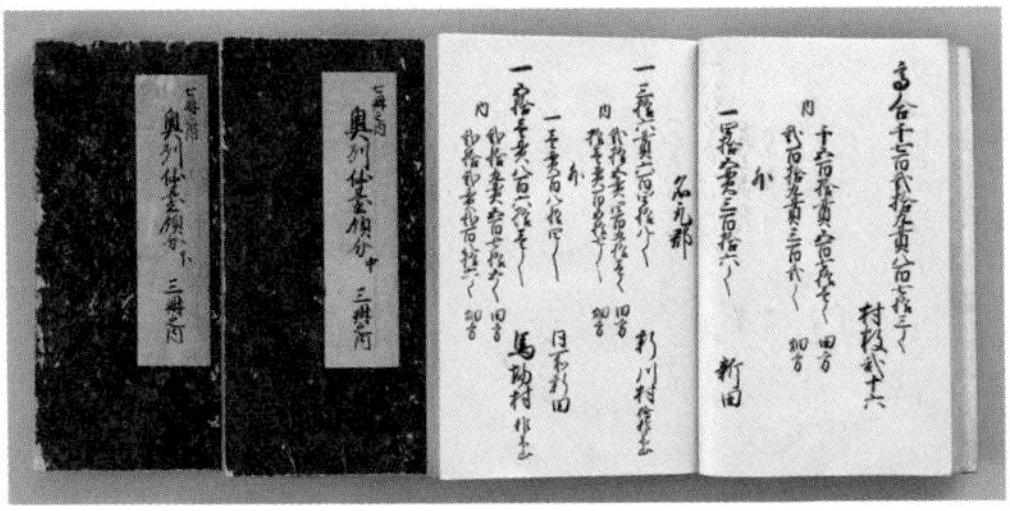

正保２（1646）年に仙台藩から幕府に提出された郷帳
（仙台市博物館所蔵）

いう石高は幕末まで続いており、たとえば冷害で大凶作になった年に仙台藩は損亡高《そんもう》＝収穫がなかった分が九〇万石以上に及んだ、という報告を幕府にし、幕府もそれを何ら問題にしていない。仙台藩の内高一〇〇万石というのは、幕府も公認した数値だったのである。

しかし実は、仙台藩の本当の生産高は、一〇〇万石よりずっと多かった。内高の一〇〇万石という数値は、藩の検地帳に登録された田畑の生産評価額である。検地帳とは、領内にある田畑を測量し、その面積と等級、収量、年貢の量、耕作者を記載したもので、今で言えば登記簿と課税台帳を一緒にしたようなものである。

仙台藩は検地を行う際にいろいろと操作をしている。例えば、川の近くの田は砂地で生産性が悪い上、洪水で流失の恐れがあるので、登録面積を実際よりも大幅に少なくしたり、場合によっては登録しなかったりした。山沿いの急傾斜地にある畑も同様の扱いをされることがあった。また普通の田畑でも、面積の一割を差し引いて検地帳に登録することが検地の実施要綱でうたわれていた。とにかく、検地を行う役人の心得として、検地は緩くするように、というのが仙台藩の基本方針だった。これは、課税台帳に載る土地が実際より少なくなるということを意味しており、一種の減税措置だったということもできる。

そしてもう一つ。藩は開発した新田をすべて検地帳に登記していたわけではなかったことにも注意が必要である。大規模な開発や藩から与えられた野谷地《のやち》（湿地）を開発した場合は別だが、藩士や農民たちが己の才覚によって行った小規模な開墾や、畑地を水田に変えた場合などは、いちいち登記しないことの方が多かったようだ。

以上のような状況がもたらす現実は、仙台藩内に検地帳＝課税台帳に載らない耕地がたくさんあったということになる。そうした耕地を藩内では「余計《よけい》の地」と言い、この「余計の地」の存在は、藩内では誰もが知っている「公然たる秘密」だったのである。

この「余計の地」に目を付けたのが五代藩主の伊達吉村だった。仙台藩は、政宗の頃から赤字財政が続いていた。加えて四代藩主綱村の時に、幕府から日光東照宮の大修復を命じられ、また造営後五〇年を経た仙台城二の丸も大規模な増改築が必要であり、多額の出費を要した。さらに、綱村は神社仏閣の造営に熱心な上、高価な茶道具を買い込むなどして財政難は一層悪化していた。綱村の跡を継いだ吉村が直面した喫緊の政治課題が財政再建であった。その吉村が目をつけたのが、「余計の地」だった。総検地＝検地の全面的なやり直しを進め、「余計の地」を課税台帳に組み入れることにより、年貢収入の増加を狙ったのである。これに対し、〝「余計の地」で蓄えができるからこそ百姓は凶作でも生活できる〟〝「余計の地」がなくなれば、武士の収入も減少し、満足な奉公ができなくなる〟と強硬な反対意見が方々から噴出した。最終的に、吉村は総検地計画の撤回を決断せざるを得なかった。

一〇〇万石の実態

このように、仙台藩領の本当の生産高は、内高の一〇〇万石に「余計の地」の生産分を加えたものになる。それがどれほどになるのか、江戸時代については信頼すべき統計資料が無いので、正確な数値を確認することはできないが、関連史料から類推する手段が幾つかある。

その一つが、明治時代の初めに政府が実施した地租改正である。これは財源確保を目的に、国内の耕地を測量し直そうとするもので、宮城県の場合は明治五（一八七二）年から同七年にかけて行われ、その結果、耕地面積が三〇％から四〇％も増える結果となった。この増えた耕地が、江戸時代の検地帳に記載されなかった「余計の地」だった。

とは言え、地租改正で全ての土地を把握できたわけではなかった。複数の筋から聞いた話だが、宮城県内では農地を測量し直すと、登記面積より実測面積が相当広くなるケースが多々あったらしい。これを「縄のび」と言い、どうも地租改正の際に作業を急ぐあまり、基準を甘くしたり、測量しないで申請された面積をそのまま記載したりしたからではないかというのだ。

以上のことから、江戸時代には検地帳に登録された面積の一・五倍以上もの耕地が実在した可能性が高いという想定ができてくる。

もう一つ、人口から農業生産を類推するという方法もある。江戸時代半ばの仙台藩の人口は約八〇万人だった。江戸時代、成人男性一人が一年間に食べる米は一石八斗とされていた。一日分に直すと五合（七五〇グラム）になる。米離れが進んでいる現在からすると驚くような数字だが、明治・大正時代の統計や、軍が兵士に食べさせた糧食の基準などを見ると、やはり成年男子は一日四合から五合を食べるのが普通だった。もっとも、女性や子供、高齢者はそこまでは食べないだろうから、仮に成年男性が人口の三割を占め、残り七割の女性、高齢者、子供は平均して成年男子の半分を食べると仮定すると、以下のような計算が成り立つ。

Ａ　成年男子　八〇万人×〇・三×一・八石＝四三万二千石

Ｂ　そのほか　八〇万人×〇・七×〇・九石＝五〇万四千石

ＡとＢを足すと九三万六千石となる。ただし、毎食全部白米を食べていたわけでないことは言うまでもない。近代の農村では、食事は相当量の大麦が混じるのが普通だったとされる。なかには五割くらいが麦だったという話もある。しかし、仙台藩領は基本的に米余り状態で、そこまで麦を混ぜたとは考えられない。参考に明治一〇年代半ばの統計資料（宮城県統計書・岩手県統計書）を見ると、旧仙台藩領の穀物生産は、米が一〇〇万石前後、大麦が一五万石前後、小麦が五万石前後、稗《ひえ》・粟《あわ》・黍《きび》などの雑穀が二万石前後となっている。明治一〇年代前半は、近代農法が十分に普及しておらず、江戸時代に比べて多少は生産性が上がっていたとしても、大きな違いはないとみてよい。一方で、明治の統計と言っても、生産した全量を把握できていた可能性は低く、自家消費分の一部などは統計の数値に出てきないことが考えられる。以上のような状況を勘案しても、おそらく江戸時代の仙台藩領における穀物生産は明治一〇年代の統計の数値をいくらか上回ると見てよいだろう。

以上の状況を勘案して計算してみたい。大麦は馬の飼料としても用いられたといい、生産量の多くを食糧に回したとしても食糧に回せる大麦はせいぜい二〇万石程度と推定され、また小麦や雑穀類の存在も考慮すると、仙台藩領で食糧として必要だった米は七〇万石程度であったと推定される。これに、江戸に廻漕された米が平均して年二〇万石程度であり、さらに酒や味噌・醤油などの醸造用に用いる米や菓子の原料に用いる米も相当量あったと推定される。少なく見積もっても仙台藩領で生産された米は一〇〇万石を下回ることはなく、一〇〇万石台半ばに達した可能性すらある。さらに、畑地の生産高や屋敷地が畑に換算されることも考えると、仙台藩の「本当の生産高」は一五〇万石を下ることはなく、限りなく二〇〇万石に近かったと推定することができる。

四公六民の実態

江戸時代の農村政策は「百姓は生かさず殺さず」という語に代表されるように、重税を課すものだったというのが長い間の〝常識〟だった。しかし近年の研究は、この〝常識〟を否定するようになっている。仙台藩領ではどうだったのか、再検証してみたい。

仙台藩の年貢は「四公六民」が基準とされており、これに「七色小役《なないろこやく》」などと総称される雑多な税を加えると、税率は五〇%程度に達する。しかし、こうした税は検地帳に登録された一〇〇万石分の耕地に対して課せられたもので、前述のように「本当の生産高」が二〇〇万石近くあったとすると現実の税率はその半分の二五%、一五〇万石だとしても三分の二の三三%程度に過ぎない。

さらに、現実の租税徴収では、規定通り満額が徴収されることはほとんどない。一割から二割程度の「御免」分、現代風に言えば控除があるのが普通なので、税率はさらに下がる。おそらく仙台藩領の農民が負担した税は、平年作の場合、収穫量の二割から三割程度だったろう。

これを現在の税金と比べるとどうだろうか。所得税に加えて、年金や国民健康保険などの社会保険料、消費税、住民税、固定資産税などを考えると、実質の負担率は平均的な会社員・公務員の場合で四〇%になると言われている。実は現代社会の「お上《かみ》（＝政府）」の方が江戸時代の「お上」よりも庶民から搾り取っているのが明らかなのだ。

かつての教科書は、江戸時代の農民は「五公五民」という高い年貢を課され、質素な生活を強制された揚げ句に「切り捨て御免」の言葉に代表されるような弱い立場に置かれていたと説明していた。しかし、実際は前述の税金と同様、法律と規則はかなり緩く運用されていたのだ。その理由は、農民の生活が安定しないと税収が減少し、武士自身が困るからという点にある。――法律の文言は厳しくても、運用は緩く――。江戸時代は、さまざまなところでこのような「本音」と「建前」の使い分けが行われ、社会の歯車が回っていたのである。

米どころ宮城への道のり

ところで、先に述べたように、仙台藩は年間約二〇万石の米を江戸に廻漕していたが、それは藩内の約二倍の値で米が売れ、運賃などの経費を差し引いても大きな利益があったからだった。平年作の場合、二〇万石で二万～三万両の利益が上がったという。

仙台藩が江戸に米を移出し始めたのは寛永年間初期（一六二〇年代半ば）からで、江戸時代半ばには多い年で三〇万石、平均すると二〇万石を移出していた。江戸の人口は約一〇〇万人と言われ、成人男子の比率が著しく高く、また玄米食や麦飯が好まれず、庶民も含めてもっぱら白米を常食していたとされる。食糧用の米だけでも年間に一〇〇万石以上は必要で、醸造用や菓子原料を考えると、二〇〇万石前後の米が必要だったと推定される。となると、仙台藩領から廻漕された米＝仙台米のシェアは約一〇％ということになる。

しかし、江戸での仙台米の評価は高いものではなかった。市場での格付けは、一番良いもので中の上、そのほかは中の下、下の下というものであり、江戸での仙台米は、安価な庶民向けの米という位置づけだったらしい。

さらに仙台米の生産性も良いものではなかった。江戸時代から明治時代初期にかけての一反歩（一〇アール）当たりの収穫量は一石（一五〇キログラム）前後で、これは全国的に見てもずっと下の方だった。

このため、宮城県は明治時代半ば以降、栽培技術の改善、耕地整理や灌漑の整備、そして品種改良などの努力を重ねた結果、大正時代になるとようやく反収は二石に増え、全国平均に近づいた。こうした努力はその後も続けられ、昭和に入ると反収は全国平均を上回るようになり、品質の面でも評価が徐々に高まって標準米の上にランクされるようになった。その評価が決定的になったのは第二次世界大戦後。「ササシグレ」「ササニシキ」の登場で、宮城の米は全国有数の収穫量をあげられるようになり、また味も全国最上位に評価され、「米どころ」としての地位が不動のものになった。この原動力となった「ササシグレ」「ササニシキ」は、明治時代に生みだされ、大正～昭和初期に東北地方で普及した「亀ノ尾」という品種の系統を引いていた。食味に優れた「亀ノ尾」は、「サザニシキ」「コシヒカリ」「ひとめぼれ」「あきたこまち」、「つや姫」といった銘柄米の多くを生み出し、現在も酒米として栽培されている。

現在、宮城県内の平均反収は約五五〇キログラム、石高に直すと約三・七石で、江戸時代の四倍弱となっている。江戸時代、低評価に甘んじていた品質も、今では全国トップレベル。こうした米どころ宮城の名声は、明治以来、多くの人の努力が蓄積された結果であることを忘れてはならない。

新田開発

上杉景勝の重臣で、その内政・外交を一手に総括した直江《なおえ》兼続《かねつぐ》は、NHK大河ドラマ「天地人」の主人公として一躍全国に名を知られるようになった。直江兼続が仕えた上杉景勝は、関ケ原合戦で敗れて領地を四分の一に減らされたが、兼続は上杉氏の家臣をリストラしなかったというのは、大河ドラマ以降よく知られる話となった。

実は、政宗は直江の行動よりも一〇年前に同様のことをしていたのである。政宗の場合、秀吉に領地を取り上げられ、領地の高は半分以下になり、岩出山へ居城を移すことになったが、その際に家臣の知行高を三分の一に減らしたが、家臣のほとんどを引き続いて召し抱えていた。もちろん、減らされた方は、そのままでは立ち行かなくなるので、社会の状況にやや落ち着きが見えた慶長一〇（一六〇五）年頃から、政宗は荒れた土地を家臣に与えて新田を開発させるという政策を進めることにした。五年前後の開発期間を設定して、開発後は藩の検地を受けて知行地に組み入れるという方法である。これによって、藩内各地で規模に大小はあるが、仙台藩士による新田開発が盛んに行われるようになった。また、新田開発に従事した農民を足軽に取り立て、禄を与えるということで、事実上の生活保護を加えた事例も複数確認できる。このように、武士に新田開発をさせたというのが仙台藩の大きな特徴だった。

仙台藩士の多くは、在郷屋敷といって仙台城下の屋敷とは別に村にも屋敷を持つのが普通だった。なかには複数の在郷屋敷を有していたり、不動産売買よろしく他の藩士の在郷屋敷を買い取って集めていた例も確認されている。ともかく、仙台藩士は、村に生活の基盤を置くことが多く、家族や家来を使って農業にかかわるのも普通だった。現在の仙台市青葉区愛子《あやし》に住んでいた仙台藩士森田家の家来が書いた日記が現存しているが、それによると、農作業に従事した日は実に年間約二五〇日に及んでいた。

そんなこともあり、農民も武士も同じ地域に住む、同じコミュニティの構成員だという意識すら仙台藩内にはあったようだ。江戸時代、武士と農民は対立し、厳しい身分制の下で農民は貧しい生活を強いられた、という理解は、大きく変えるべき段階にある。

特産物

司馬遼太郎は紀行文『街道をゆく　仙台・石巻』のなかで、仙台藩の産業構造を指して「殖産興業という多様な商品生産の事業が、江戸後期、西国大名のあいだで流行のように活発になるのだが、そういう時代でも仙台藩は泰然として米売り一本槍であった」と指摘している。また「この大藩の経済活動は単純すぎ、徹底的に米に立脚しつづけたのである」「歴世の仙台が沃土の上に安住して殖産興業をおこたった」とも言っている。

同じようなことは、林子平《はやししへい》なども言っている。たしかに仙台藩最大の物産は米であった。しかし、そこまで言われるほど、仙台藩の産業構造は単純だったのだろうか。実は、仙台藩領には全国的に名を知られる物産がいくつもあった。以下、そうした物産を紹介したい。

①馬

仙台藩の物産で、米に次いで最も評価が高かったのは馬であろう。仙台馬は、盛岡藩から産出される南部馬と共に、国内の馬の双璧であった。毎年、仙台藩が献上する選りすぐりの馬を将軍が見る「仙台馬上覧《せんだいうまじょうらん》」は幕府の重要な年中行事となっていたし、岩沼や仙台城下国分町で行われる馬市には、幕府の馬買役人や諸藩の役人が馬の買い付けにやってきた。仙台藩は優良な馬を産出させるために馬産専門の役人を設置し、馬の戸籍の作成、優れた種馬の育成と貸し付け、育成の指導などの施策を担当させた。また鬼首《おにこうべ》（宮城県大崎市）や蔵王山麓の七日原《なのかはら》（宮城県蔵王町）には藩営の牧場も営まれている。

②糒

加熱した米を乾燥させた糒《ほしいい》は、携帯用の食料として重宝され、大坂の道明寺が名産地として知られた。伊達政宗はいち早く道明寺糒の製法を導入して藩内で生産をはじめ、品質の良いものを贈答品に使っていた。その後、仙台藩では最上品の糒を将軍に献上するのが例となり、仙台糒の名声は全国に広まった。芭蕉が「おくのほそ道」の旅で仙台を訪れた際、仙台を案内した嘉右衛門は旅立つ芭蕉に選別として糒を贈った。これは、道中での非常食という意味もあったが、同時に仙台の名産品を餞別として贈ったという意味も重ねられたものだったのだろう。

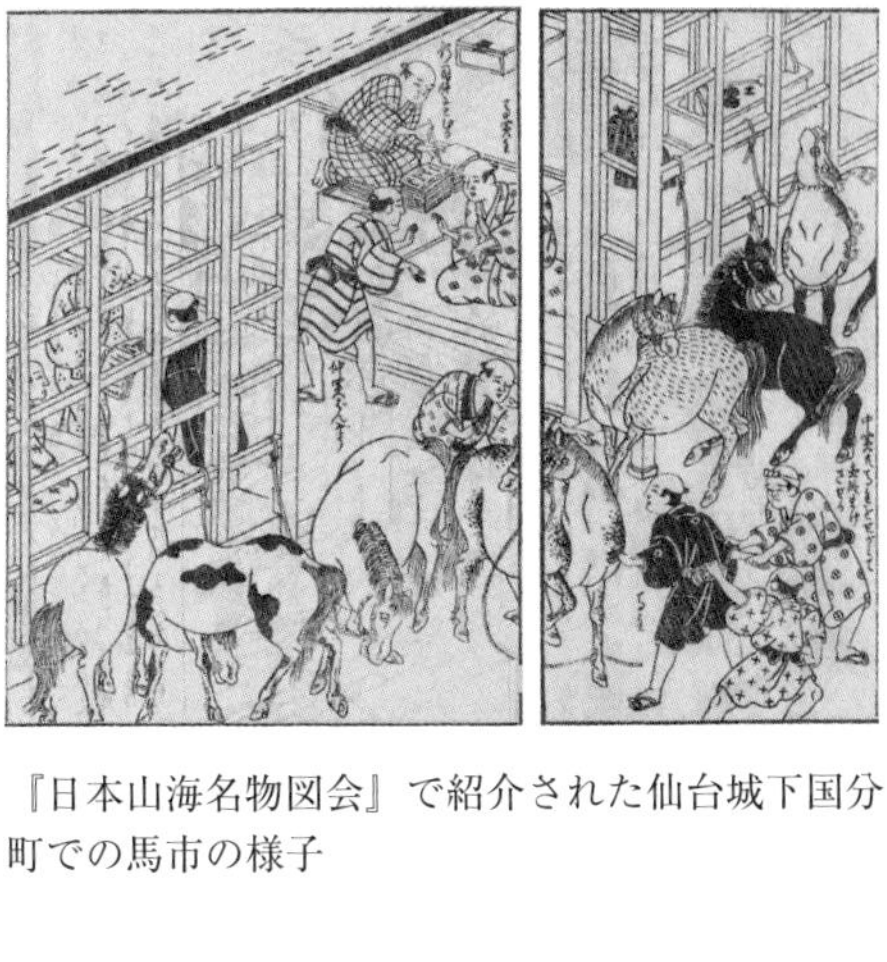

『日本山海名物図会』で紹介された仙台城下国分町での馬市の様子

③薬種

伊達政宗が晩年に住んだ若林城は政宗没後に廃城となったが、その跡地は藩営の薬草園「御《お》薬園《やくえん》」となった。そこでは人参などの薬草の実験栽培が行われ、周辺の仙台城下東郊では次第に「薬種《やくしゅ》」と称された薬草の栽培が普及していった。とくに多く栽培されたのは、川芎《せんきゅう》・沢瀉《たくしゃ》・当帰《とうき》・黄蓮《おうれん》などで、なかでも川芎と沢瀉は日本有数の産地となり、五代藩主吉村の頃には、江戸での相場安定のために、安定供給をするように幕府から要請されるほどになっていた。

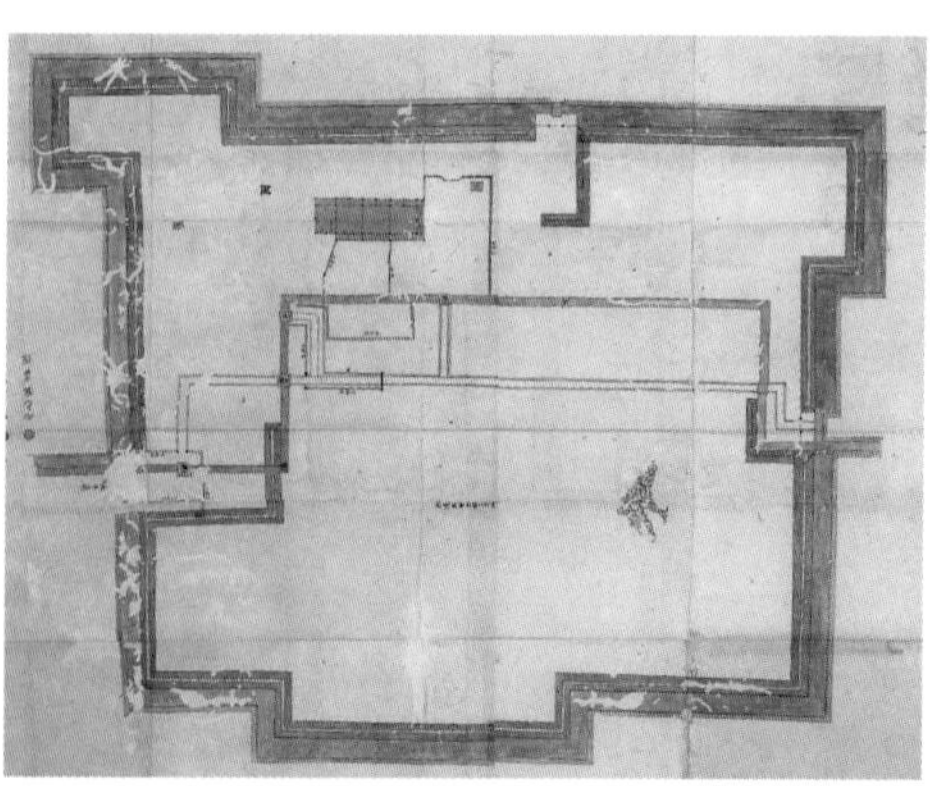

廃城になった後の若林城を描いた「古御城絵図」（宮城県図書館所蔵）。六郷堀が城内に引き込まれるなど、条件が良かったために御薬園として用いられた。

④海産物

三陸の好漁場に接する宮城県は日本有数の水産県となっている。もっとも、冷蔵技術の無い江戸時代においては、水産物の長距離輸送が困難なため、藩外への移出は困難であったが、鮭や鱈の塩蔵品は名産品となっており、伊達政宗をはじめ歴代の仙台藩主は贈答品として用い、徳川将軍へも献上した。

そのほか、三陸沿岸で獲れる海鼠《なまこ》や鮑《あわび》を干したものも特産品として知られ、その多くは長崎を経由して中国へ輸出されている。言ってみれば、気仙沼のフカヒレの大先輩にあたるようなもので、ともすれば輸入超過になりがちだった江戸時代の対中国貿易のなかで、重要な輸出品となっていた。

⑤紙

古来「陸奥紙《みちのくがみ》」という言葉があるように、東北地方は紙の産地として全国的に知られていた。仙台藩内でも、東山《とうざん》（岩手県一関市東部）、柳生《やなぎう》（仙台市太白区）、白石（宮城県白石市）、丸森（宮城県丸森町）が紙の産地として知られている。なかでも柳生と白石は伊達政宗治世下には紙の生産が行われていたことを確認でき、政宗以下歴代仙台藩主が幕府関係者などへの贈答品としても用いた「鼻紙」の産地であった。また白石は、紙を糸に

『日本山海名物図会』で紹介された仙台藩領における「紙子」生産の様子

して織り上げた「紙布《しふ》」と称される布地や、「紙子《かみこ》」と称される柿渋を塗るなどして耐久性を高めた厚手の紙を材料とした着物の産地としても知られた。

⑥仙台平

江戸時代中期、仙台藩のお抱え職人らによって京都西陣などから技術が導入され、高級絹織物が生産された。夜具や羽織の裏地、座布団の表地などに用いた八つ橋織、袴地の最高級品とされる仙台平《せんだいひら》などが知られている。原材料となる生糸は、主に仙台藩領の南に接する伊達郡から仕入れたが、江戸時代後期には藩内でも伊具郡や本吉郡などで生糸の生産が盛んになった。

⑦紅花

染料として用いられた紅花の産地としては、現在の山形県域がよく知られているが、仙台藩領でも紅花が栽培されていた。生産量は山形産が多かったが、江戸時代後期になると仙台藩領産の紅花は品質面で高い評価を受け、「奥州仙台より出るを上品とし、出羽山形これに次ぐ」と称されるようになる。北上川流域や柴田郡や伊具郡が主な生産地で、藩領南部から産出したものは大河原・村田などの商人が集荷して山形へ運ばれ、山形の商人によって最上川水運、日本海水運を用いて京へ移出された。

⑧煙草

北上川中流域の丘陵地帯を中心に煙草の生産が行われた。とくにその主産地であった登米郡狼河原《おいのかわら》（登米市東和町）で産出する煙草は、独特の匂いがあり、好みが分かれるが、吸ってみると味は軽く、風味も良いと評価され、「狼河原」と名付けられた煙草は、江戸時代中期に全国的な人気を得たという。

このように、仙台藩領の物産は思いのほか多彩である。このほかにも、江戸時代後期に米価が低迷するなかで、仙台藩は特産物の生産を盛んにしようと様々な施策を試み、海産物、茶、繊維製品、陶磁器などの生産を奨励し、なかには一定の成果をあげるものもあった。しかし、仙台藩の産品は、高級品だったり、生産量が少なかったり、あるいは需要の範囲が限られていたりといったものが多く、主要な産地となったり、藩の財政を支えるような大きな産業に発展するには至らず、結果的に仙台藩の産物＝米という印象をぬぐうことはできなかった。

【初出】「東北経済倶楽部」で行った同名の講演の内容を『東北経済倶楽部会報』七〇六号（二〇〇九年）に掲載したものに、図版を加え、また仙台藩の生産力の問題や特産品のことを書き加えるなど大幅に改稿した。仙台藩領の経済については、案外と研究が進んでいないので、今後も注視したいと考えている。

伊達の国を知る一〇冊＋α

歴史書の巻末には、関連文献や参考資料の一覧があるのが定跡だ。しかしこれは、研究者や多くの知識を持っている愛好者には便利だが、その世界に足を踏み入れようとする新人には、情報が多すぎ、どれを読むべきか分からなくする暗くて深い闇のような存在である。「伊達の国」＝仙台藩を知るには、端的に言えば、現時点では『仙台市史』が一番のお薦めであるが、それは別に一頁を割くことにし、ここでは、もう少しとっつきやすく、入手しやすい、「伊達の国」への案内となるものを一〇冊厳選して紹介したい（順不同）。

①渡辺信夫編『図説 宮城県の歴史』（河出書房新社　一九八八年）

河出書房新社が出した「図説　都道府県の歴史」シリーズは、それまでは文章が主体であった歴史書を、写真や図表を大胆なほど数多く使ったもので、新しい歴史概説書の方向を示した画期的なものと言える。宮城県の歴史を取り上げた本書は、政治史・制度史中心になることなく、経済史や文化史にもしっかりと頁を割き、刊行から三〇年以上経った現在でも、その内容は新鮮さを失っていない。

②『江戸時代 人づくり風土記４　宮城』（農文協　一九九四年）

「江戸時代 人づくり風土記」は、江戸時代の地域振興を切り口として都道府県ごとにまとめられたもので、全域が仙台藩領だった宮城県の内容は、仙台藩の産業史・生活史・文化史を五章四七項目にわたって網羅した内容になっている。各分野に詳しい人材が分担執筆しており、最新の研究成果を一般読者に分かるように平易にまとめている。ともに紹介している『仙台藩ものがたり』『図説 宮城県の歴史』の読後に「もっと知りたい」と感じた際に、とくに経済や生活の分野に関する分野であれば、本書を手に取ることをお薦めする。

③ 河北新報社編集局『仙台藩ものがたり』（河北新報出版センター　二〇〇二年）

仙台藩の歴史を一冊で知ろうとすると、実はあんがい適当なものがない。現時点でおそらくそのほとんど唯一の例外となる本書は、仙台開府四〇〇年記念企画として「河北新報」紙上に連載された記事をまとめたもの。仙台藩政史の各分野に詳しい研究者や地元関係者への取材を、歴史に関心がある記者が書いているので、読みやすく、仙台藩の歴史とその特徴がまとめられている。

④ 小林清治『人物叢書　伊達政宗』（吉川弘文館　一九五九年）

東北大学に学び、戦後すぐに行われた仙台市史編纂事業に携わった後、福島大学、東北学院大学で教鞭をとり、中世伊達氏研究の第一人者と誰もが認めた著者による伊達政宗の伝記。伊達政宗を取り上げた書籍は数多いが、俗説にとらわれたワンパターンの内容のものが少なからずで、著者の不勉強さをあからさまにしているものすら見られる。そうした中において、初版からすでに六〇年以上を経ている本書は、数多くの史料を真摯に研究してきた小林氏がまとめただけあって、伊達政宗の基本文献としての価値をいまだに保ち続け、版を重ねている。小林氏が残した数多くの論考は、氏の没後に幾つかの遺稿集にまとめられている。伊達政宗に関するものの多くは、『伊達政宗の研究』（吉川弘文館　二〇〇八年）に収録されているので、より詳しく調べようとする時にひもとくことをお薦めしたい。

⑤佐藤憲一『伊達政宗の素顔』（吉川弘文館　二〇二〇年）

長年、仙台市博物館に勤務し、学芸員そして館長として伊達政宗研究を進めてきた佐藤氏には、政宗に関する幾つかの著作がある。その一つである本書は、二〇一二年に刊行された洋泉社新書に新稿を加えて再刊したものである。佐藤氏の政宗論は、数多く残された政宗の手紙からその人物像に迫ろうとする独自のアプローチが特徴で、政宗の生涯を読み解くという内容の本書でもその手法が用いられており、随所に政宗の人物像がいきいきと紹介されている。このほかにも佐藤氏には、ずばり政宗の手紙を取り上げた『伊達政宗の手紙』（新潮選書　一九九五年。後に洋泉社MC新書として二〇一〇年に再刊）などの著書がある。

⑥菅原ケンイチ『Ｋａｐｐｏ特別編集　伊達の国をめぐる大人旅』（プレスアート　二〇一七年）

歴史書を読むのは楽しい作業だ。しかし、活字や写真だけでなく、ぜひ現場を訪れてほしい。往時とは景観が一変し、わずかな痕跡しか残されていなくても、その地の空気や土が伝えてくれるものが必ずある。本書は、伊達政宗の足跡を現地に取材した『Ｋａｐｐｏ仙台闊歩』の連載を再構成した一冊。観光系の書籍、雑誌で紹介される歴史関係の記述は、面白おかしいことをメインにし、史実と俗説・旧説をごっちゃにした読むに堪えないものが少なくないが、菅原さんは執筆時点での研究状況をしっかりと踏まえて、簡潔で要を得た文章にまとめており、掲載された美しい写真とともに「伊達の国」の概要と魅力を伝えてくれる。コロナ禍で外出も思いのままにならないが、この状況が収まったら、本書を手に歴史を実感する旅に出てほしい。

⑦時代考証学会『伊達政宗と時代劇メディア』（今野印刷　二〇一六年）

ＮＨＫ大河ドラマの時代考証に関わる機会の多かった大石学氏を中心として設立された時代考証学会が主催し、二〇一四年に仙台で開催された同名のフォーラムを書籍化したもの。いまだに大河ドラマの平均視聴率一位の座を保ち続ける大河ドラマ「独眼竜政宗」をはじめ、研究者、学芸員、作家、ボランティア、観光行政など様々な立場から、伊達政宗がどのように取り扱われてきたかを紹介し、筆者（菅野）も、「政宗を読み直す」と題して、政宗論の再構築を提唱、また本書全体の編集に関わっている。フォーラムの名称がそのまま表題となったため、掴みどころを図り難いタイトルになった感があるが、現時点における政宗研究の到達点を示しながら、政宗と現代社会の接点を紹介する読み物としても興味深い一冊となったはずである。

⑧小林清治『伊達騒動と原田甲斐』（吉川弘文館　二〇一五年）

伊達騒動（寛文事件）を取り上げた書籍としては、精査して得られた多くの関連史料を収録した大槻文彦『伊達騒動実録』が基本文献としての地位を不動のものにしているほか、どうしても山本周五郎の小説『樅ノ木は残った』の印象が強い。しかし前者は史料の翻刻文が中心の大著であって一般読者には手に取り難いものだし、後者はあくまでもフィクションで、伊達騒動の実相に迫っているとは言い難い解釈がいくつもある。伊達騒動の概要を知ることができる概説書として筆者がお薦めしたい本書は、大河ドラマ「樅の木は残った」放映にあわせて一九七〇年に刊行された。その後長く品切れが続いていたが、近年「読み直す日本史」シリーズで復刊された。五〇年前の著作で、当然ながら内容の一部には古さを感じる箇所もあるが、多くの史料や研究が冷静に分析され、伊達騒動の基本文献としての生命力をいまだに失っていない。

⑨木村紀夫『仙台藩の戊辰戦争』（南北社 二〇一五年。増補改訂版　荒蝦夷二〇一八年）

本書では、戊辰戦争のことはほとんど取り上げなかった。そこに踏み込むと、相当に紙幅を費やすことになることが明白だったため、あえて避けることにした。なので、戊辰戦争時における仙台藩の動向を詳しく知りたい時は、木村氏の著書をお薦めしたい。歴史とは縁遠い立場であった木村氏が戊辰戦争のことを知ってから長年にわたって研究を重ねてきた成果である本書は、まさに「労作」である。ただ、大著でもあるので、再評価が進む戊辰戦争や奥羽越列藩同盟研究の現状についての概要は、新聞連載をまとめた『奥羽の義 戊辰１５０年』（河北新報出版センター　二〇一九年）や、戊辰戦争研究の旗手の一人である栗原伸一郎氏の『幕末戊辰戦争の群像　但木土佐とその周辺』（大崎八幡宮江戸学叢書　二〇一五年）をご覧いただきたい。

⑩菅野正道『せんだい歴史の窓』（河北新報出版センター　二〇一一年）

最後は拙著を紹介したい。二〇〇九年「河北新報」に一年間にわたって連載した随筆五〇回分に、新稿一〇本を加えて上梓したものである。仙台の歴史に見え隠れする様々な余話を一二のテーマに分けて紹介しているが、基本的には一話完結なので、どこから読んでいただいてもかまわない。言ってみれば、仙台藩を含めた地元の歴史に関する落ち穂を、仙台市史に関わった筆者が拾って料理にしたようなもの。ずんだ餅も胡麻おはぎも、本体だけでなく器に残ったあんを指ですくって食べるのが美味いように、余話であるからこそ、事実の核心に触れたり、盲点となっていたことの告発も少なからず。と、これは著者自身の贔屓目だろうか。

＋α　仙台市史

仙台の歴史をまとめる市史編さん事業は、明治末期、昭和初期、第二次世界大戦後と三度にわたって行われた後、市制百周年、周辺市町との合併、政令指定都市昇格が続いたこともあり、市制百周年事業として四度目が始まり、平成二年度から仙台市博物館が事業を担当して、平成二七年度までに全三二巻を刊行した。

本書との関わりでは、近世の「資料編」と「通史編」が各三巻あるほか、「資料編」として「伊達政宗文書」四巻、「仙台藩の文学芸能」一巻があり、また「特別編」の「考古資料」「美術工芸」「城館」「慶長遣欧使節」「地域誌」に近世に関わる記述が含まれている。とくに、「通史編」と「特別編」はカラー図版を多用し、「資料編」でも絵図や絵画史料を付録に収めるなど、あたらしい自治体史のあり方を提示したものとして、全国的にも評価を得ている。多くの研究者による調査分析を経た叙述は、最新の研究成果を紹介するものであり、仙台藩＝「伊達の国」をもっと詳しく知りたい時には是非とも手に取っていただきたい。

あとがき

三年前、早期退職して四半世紀以上も勤務した仙台市博物館を離れた。地方公務員という地位や収入をなげうったわけで、多くの人に迷惑と心配をかけてしまった。もともと野人の気があり、仙台で言うところの「インピン」「インピンかだり」（標準語で言うと「へそ曲がりの変人」のようなもの）を自認している者としては、品行方正を求められる公務員であることは苦行のようなもので、常識的でない決断だったが、心は晴れやかだった。

退職後は、幸い多くの方から講座や原稿の仕事をいただいた。昨年来のコロナ禍のなかでは、三密を避けながら、疫病除け信仰をもつ小さな神社を訪ね廻り、山城歩きに精を出し、また日々続けたラジオ体操の効果も加わり、二〇年前の体重を取り戻すことができた。

そんな浪人生活を送っていた昨年秋、プレスアートの川元茂さんから突然に、「歴史の本を作りたい」とのオファーをいただいた。実は本を出す話を数ヶ所からいただいていたが、退職して時間ができたにもかかわらず、その宿題をなかなか果たせないでいたので躊躇した。しかし、せっかくの機会だし、プレスアートには雑誌連載をいただいているという義理もあり、引き受けることとした。ただ、本の内容はすぐには固まらず、具体的な方向性が定まったのは年末年始の頃。正直「刊行は早くても夏」と思っていたら、川元さんや現場の方の猛馬力で、本書の柱となった伊達政宗の命日に刊行する仕儀となってしまった。

本書は、『Ｋａｐｐｏ 仙台闊歩』に連載した「政宗が目指したもの ―４５０年目の再検証―」を導入路に、これまで発表した原稿や新稿を取り混ぜて、仙台藩の歴史を紹介するものとした。既発表原稿でも加筆を含めてかなり改稿したが、寄せ集めであることに起因する重複が解消しきれずにかなり残っていることをお許しいただきたい。また、伊達政宗の伝記、仙台藩の通史を書くのではなく、政宗に始まる仙台藩の歴史で個人的に関心を抱いたことをお知らせしたい、という思いでまとめているので、不足の分野も多くある。しかし、そうした点も含めて、従来にない切り口で、少々スパイスを効かせた「インピンかだり」流の歴史をまとめられたことに満足しているし、「なるほど」と読んでもらえれば嬉しい。「違うのではないか」と受け止められても差し支えないが、願わくば、その時は健全な論争をしたいものだ。

自著は本書で三冊目となる。一冊目は父と母に読んでもらえたが、残念なことに母は二冊目を読むことができず、そして今は二人とも本書を直接手に取ることができない世界にいる。「こんな変わり者に育てたつもりはない」と言いながら応援し続けてくれた父母。本書がささやかな供養になればと願っている。

令和三年五月

〈著者プロフィール〉

仙台市出身。仙台一高、東北大学大学院卒。元仙台市史編さん室長。現在はフリーで郷土の歴史を研究。東北の戦国時代史や仙台藩の歴史に詳しく、鉄道と甘味、音楽を愛する趣味人。主な著書に『せんだい歴史の窓』（河北選書）、『イグネのある村へ』（蕃山房）、『昭和を走った仙台市電』（共著／河北新報出版センター）がある。『Kappo 仙台闊歩』にて「みやぎの食材 歴史紀行」を連載中。

伊達の国の物語　政宗からはじまる仙台藩二七〇年

2021年5月24日 第一刷発行

著　者　菅野正道

発行人　今野勝彦

編集人　川元 茂

発　行　株式会社プレスアート
〒984-8516 宮城県仙台市若林区土樋103番地
電 話　022-266-0911
FAX　022-266-0913
kappo@pressart.co.jp
https://www.pressart.co.jp/
https://kappo.machico.mu/

校　閲　斎藤はるみ

装　丁　松下洋一（sclutch）

印　刷　株式会社ユーメディア

　Printed in Japan　ISBN 978-4-9908190-6-4　C0021